乡村旅游的发展与创新研究

方 堃◎著

吉林出版集团股份有限公司

全国百佳图书出版单位

图书在版编目（CIP）数据

乡村旅游的发展与创新研究 / 方堃著. -- 长春 ：
吉林出版集团股份有限公司，2023.1
ISBN 978-7-5731-3022-8

Ⅰ．①乡… Ⅱ．①方… Ⅲ．①乡村旅游－旅游业发展
－研究－中国 Ⅳ．①F592.3

中国国家版本馆CIP数据核字(2023)第040217号

XIANGCUN LÜYOU DE FAZHAN YU CHUANGXIN YANJIU

乡村旅游的发展与创新研究

著　　者	方　堃
责任编辑	张婷婷
装帧设计	朱秋丽
出　　版	吉林出版集团股份有限公司
发　　行	吉林出版集团青少年书刊发行有限公司
地　　址	吉林省长春市福祉大路 5788 号
电　　话	0431-81629808
印　　刷	北京银祥印刷有限公司
版　　次	2023 年 1 月第 1 版
印　　次	2023 年 1 月第 1 次印刷
开　　本	787 mm×1092 mm　　1/16
印　　张	7.25
字　　数	160千字
书　　号	ISBN 978-7-5731-3022-8
定　　价	65.00元

前　言

改革开放以来，随着人们物质水平的提高，消费观念也逐渐改变，乡村旅游得到发展，出现了农家乐、古镇旅游等旅游项目。可以说，乡村旅游的长足发展有助于传承乡村文化、实现乡村经济崛起。乡村旅游的可持续发展包括两大方面的含义：一是乡村旅游业的可持续发展；二是乡村旅游目的地，即农村的可持续发展。我国目前进入了工业反哺农业和城市支持农村的社会发展阶段，通过发展旅游经济加快农村的产业升级、发挥和增强农业的多种功能已经成为现实的需要。乡村旅游的可持续发展有利于解决我国农村剩余劳动力和农民增收问题。在城乡互动基础上推动乡村旅游可持续发展，是建设社会主义新农村的有效途径之一，而新农村建设又为乡村旅游的可持续发展提供了新的历史机遇。

本书通过对乡村旅游可持续发展的探讨，重点分析了乡村旅游研究概述、乡村旅游基础理论、国内乡村旅游发展实践、国外乡村旅游规划进展对比、旅游与乡村建设融合的比较等内容，并提出了乡村旅游可持续发展的创新策略，希望为我国乡村旅游业的成熟发展提供参考意见。

本书直接或间接地吸取、借鉴了中外学者的成功经验与学术成果。在此，向一切给予本书提供借鉴与帮助的学者表示最诚挚的谢意。由于时间仓促和经验不足，书中错误和疏漏在所难免，敬请读者给予批评指正。

目　录

第一章　乡村旅游研究概述

第一节　乡村振兴与乡村旅游发展

乡村旅游业的发展与乡村振兴战略密不可分，两者处在相互影响的动态发展之中，它们是一种既相互促进又相互制约的关系。乡村旅游业的发展不仅能够使自身的经济功能得到提升，也能对乡村其他功能起到推动作用。而随着乡村振兴战略的实施，其他各个功能对于乡村旅游业的发展既是一种加强，也是一种基础和条件。本书通过对两者之间的关系进行相关论述，指出两者同步发展中出现的问题，并为乡村振兴和乡村旅游的发展提供可行性策略。

在社会不断发展的今天，农村不管是在经济上，还是在政治上仍然处于相对落后地位。众所周知，旅游业的发展能够带动某个区域的发展。因此，对于乡村来说，发展乡村旅游业无疑是一个推动乡村发展的契机。但是，乡村振兴战略在促进乡村旅游发展的同时，也会对乡村旅游发展产生一定的负面影响。因此，要正确处理两者之间的关系，科学合理地发展乡村旅游业。

一、乡村振兴战略的目标

乡村振兴战略是国家基于解决"三农"问题而提出的战略方针。从概念来看，"乡村振兴战略"是针对"乡村"的，而不是针对"城市"，这说明乡村在国家的地位是非常重要的。"三农"问题是关系国计民生的根本性问题，因此，乡村振兴的最终目标，就是要不断地提高村民在产业发展中的参与度和受益面，彻底解决农村产业和农民就业问题，以确保当地群众长期稳定增收、安居乐业。

从功能定位来看，在国家颁布的《中共中央 国务院关于实施乡村振兴战略的意见》中，用20个字提出了实施乡村振兴战略的具体要求：产业兴旺，生态宜居，乡风文明，治理有效，生活富裕。只有按照具体的要求实施乡村振兴战略，才能更好地实现乡村现代化。

二、乡村旅游

乡村旅游是指在乡村区域内，以农村本身的自然景观、农林牧渔副生产景观、民俗文化、农家生活场景等资源为基础的一种新的旅游经营活动。它主要包括乡村观光旅游、乡村休闲度假旅游、自然生态旅游和乡村民俗体验等方面。乡村旅游的最主要动机是追求一种原生态的、沉浸式的乡村独特体验。

乡村旅游是连接城市和乡村的纽带，它不仅促进了城乡之间社会资源和一系列文明成果的共享，也为城乡差距的缩小做出了很大贡献，推动了农村经济、社会、环境和文化的可持续发展。乡村旅游业具有生态性、多样性、服务性、乡村文化性等特点。

三、乡村振兴与乡村旅游的关系

近年来，全国的乡村旅游建设正在火热进行中，乡村旅游发展已经成为农村发展、农业转型、农民致富的重要渠道，十九大提出的乡村振兴战略无疑成为乡村旅游发展的又一催化剂。但是，任何事物都具有两面性。在乡村旅游发展的过程中，两者既会相互促进，又会相互制约。

（一）乡村振兴和乡村旅游两者相互促进

乡村振兴与乡村旅游，在本质上具有共同的发展理念和资源依赖。乡村旅游是旅游者在真实的乡风民俗、古朴的乡村作坊、悠久的民间文化和美丽的自然风貌中游玩、学习，体验乡村生活的一种活动。大力发展乡村旅游的主要原因之一是提高农民的收入，缩小城乡差距。而乡村振兴战略也是在依赖乡村整体自然资源和人文资源的基础上，为了更好地解决农村、农业、农民问题而提出来的。因此，两者在本质上具有共同的发展理念和资源依赖。

乡村振兴为发展乡村旅游创造基础和条件。乡村振兴战略的实施使乡村产业变得多种多样，环境得到了美化，基础设施也得到了完善，这为乡村旅游业的发展奠定了坚实的基础。

乡村旅游发展推动乡村振兴。乡村旅游的发展对乡村经济的贡献日益增加，表现在：首先，乡村旅游业可以作为精准扶贫的策略，促进贫困地区脱贫致富，带动整个乡村的经济发展；其次，大力发展乡村旅游，可以加大乡村文化的保护和传承；再次，发展乡村旅游增加了许多就业岗位，使当地的居民生活得到改善，从而推动了社会生产的发展，促进了社会的稳定；最后，发展乡村旅游，有利于乡村生态环境的改造，推动乡村整体建设，促使乡村实现可持续发展。

（二）乡村振兴与乡村旅游两者相互制约

乡村旅游可能会使乡村文明受到影响。由于目前的乡村旅游发展更侧重其带来的经济效益，从而忽略了乡村文明。首先，在发展乡村旅游的背景下，当地居民之间出现了恶意竞争行为，严重地破坏了乡村淳朴的"民风"；其次，在搞文化创新的同时，忽略传统乡村文化的本性，逐步趋于城市化，使原本的传统文化失去"乡土气"。另外，随着乡村旅游的盛行，去乡村休闲度假的人也越来越多，安详稳定、恬淡自足的乡村生活变得聒噪、杂乱无章，使"乡音"发生了变化。

乡村旅游可能会导致乡村生态遭到破坏。乡村生态环境是一个脆弱的整体，很多地方在发展乡村旅游的过程中缺少对生态环境的重视，面对相对于未开发乡村旅游之前的人流、物流、车流急剧膨胀所带来的成倍增长的各种污染无所作为，特别是农家乐旅游，普遍存在着污染排放无节制、无处理的情况。

乡村振兴战略，如果制度不完善将制约乡村旅游发展。第一，随着乡村旅游的发展，自驾游变得盛行，但是由于乡村停车场较少，就出现了道路两旁停满车的画面，再加上乡村道路窄的特点，乡村堵车成了一种普遍现象，这就严重影响了游客的心情，大大降低了游客的体验度。第二，为了更好地发展休闲旅游，相关部门对外部投资商的评价缺乏依据。一个信用差的投资商，有可能在产业不景气的时候"跑路"，这就造成了产业危机，最后可能间接制约乡村旅游业的发展。第三，乡村战略中土地流转问题没有得到合理的解决，这就使得乡村旅游的产业化、规模化发展受到严重制约。土地既是乡村的主体资源，也是乡村旅游的基础，但是由于受到乡村土地制度的制约，乡村土地使用的分散性和乡村旅游的集中性容易产生矛盾。

四、乡村振兴战略下发展乡村旅游的策略

建立健全相关制度，提升执行监督力度。加强对乡村旅游发展的组织领导，明确管理职能。成立专门的旅游发展委员会，研究制定乡村旅游发展的政策措施，解决乡村旅游发展中的重大问题，统筹协调市场监管等工作。旅游发展委员会下设相对应的旅游管理部门，发挥不同的管理职能，负责不同的日常工作。出台惩罚措施，对于一些违法违规和违反道德的事情都要有相应的惩罚措施，一经查出，严惩不贷。

进行智慧乡村建设，改善乡村面貌。智慧乡村就是以现代先进的互联网技术为依托，以提高农民的生活水平和建立智能化文化、产业为目标，创造集休闲旅游、文化体验、农耕养殖等多功能业态环境。智慧乡村不再有空间距离的制约，能够极大地调动人们的参与性。智慧乡村建设包括智慧旅游、智慧工作、智慧交通等方面。

智慧旅游，即智能旅游，是一种以现代先进的互联网技术使旅游景区、景点、交通、住宿、餐馆等资源得到系统化整合，并服务于游客、旅游企业及政府旅游职能部门的全新

的旅游形态。在进行智慧旅游建设时，可以从智慧体验、智慧服务、智慧管理、智慧营销四个方面着手。

智慧工程是指公共安全视频监控建设及联网应用工程。当前，不少农村由于青年男子外出打工，乡村治安防控成为薄弱环节，加强公共安全的防控是打造智慧乡村的关键。通过进行智慧工程建设，农民可以随时随地知道自己家中的情况，这样可以使他们出门很放心，睡觉很安心，生活很舒心。

智慧交通是利用互联网应用平台解决农村出行难的农村生活服务开放平台，拥有打车、汽车购票、公交查询、定制班车等出行服务功能。该平台由智能指挥平台、手机 APP 和公交车、出租车、客运站等服务实体构成，民众可根据自身出行需求，进行预约，以获取方便快捷的出行服务。乡村智慧交通的建设也可以使各个乡村连接起来，使乡村交通更加便捷高效。

精神文明和物质文明两手抓。把物质文明和精神文明相结合，在大力建设生态综合体，特色小镇等农村新型业态，提高物质文明的同时，还应在全村开展道德模范、文明家庭等的表彰活动，逐渐形成尊老爱幼、邻里和睦、文明礼貌、崇尚科学的精神文明环境。只有精神文明和物质文明两手抓，才能使乡村旅游实现可持续发展。让文明遍布全村，让文化深入乡情，为加快推动乡村振兴奠定坚实的文化基础，使精神文明和物质文明共存。

保护和发展同步进行。在乡村旅游发展的过程中，既要保护好乡村的生态环境，也要保护好乡村的原本性。在对乡村旅游项目进行开发的过程中，要进行合理的、科学的规划，不要因为一时的利益而对乡村环境和文化造成大量的破坏。

首先，在对乡村旅游项目开发过程中要做到未雨绸缪，提前进行环境保护的规划，使乡村旅游项目的开发与环境保护的问题之间能够得到有效的平衡。其次，在保护环境的同时，在合适的地方进行旅游项目的开发，比如，对一些古老的建筑进行资源的挖掘，使一些快要损毁的古老建筑能得到重视，从而进行相应的保护。因此，在乡村旅游项目的开发过程中要充分挖掘当地的旅游资源，同时也要对环境进行必要的保护，在可持续发展的背景下进行合理有益的开发，使乡村旅游项目的资源优势能够得到充分的发挥，从而促进乡村旅游业的快速发展。

总之，乡村是一个复杂的生态和社会系统，乡村振兴与乡村旅游不仅涉及生态问题，更与产业发展、乡村建设、人民幸福等方面密切相关。只有用科学合理的方法趋利避害，着力处理好几个发展中的关键问题，才能促进乡村可持续发展。

第二节　乡村旅游的创意转向

乡村旅游是系统解决"三农问题"最直接、最有效的手段之一，被誉为改革开放后中国农民的第三次创业和农村发展的一大创举。经过三十余年的发展，乡村旅游取得了有目共睹的成绩，也出现了一些亟须解决的问题。面对人民群众日益增长的美好生活需要，乡村旅游必须因地制宜地进行转型升级，探索优质旅游的发展道路。从已有研究成果来看，国内外学者主要从供给侧改革、社区参与、产业融合、精准扶贫、全域旅游、生态文明、可持续发展等视角对乡村旅游转型升级问题进行探讨，得出了一些具有重要启发和指导意义的结论。在这些研究成果的基础上，笔者尝试从现代旅游的创意经济属性出发，选取"创意"这一新视角，针对乡村旅游的转型升级，提出"乡村旅游的创意转向"这一命题，从创意农业、创意社区、创意阶层三个方面探讨新时期乡村旅游的创新发展路径，以期丰富观察视角、完善研究成果、提升现实意义。

一、乡村旅游发展中出现的问题及其症结

乡村旅游是依托农村、农业、农民"三农"资源和农民的生产、生活、生态"三生"空间，主要面向城市居民，提供农事参与、文化体验、生态休闲及相关服务，以满足其闲暇需求的经济活动。我国农耕文明源远流长，农村人口所占比例较高，城乡发展差距较大，发展乡村旅游对解决三农问题、实现乡村振兴具有重大的现实意义和深远的历史意义。从各地实践来看，乡村旅游为乡村地区带来了人流、物流、现金流、信息流，对于促进乡村建设、调整农业经济结构、推动农民观念转化、协调城乡关系、弘扬传统文化、满足居民休闲需求、解决"三农"问题具有战略性意义，涌现出四川成都"五朵金花"、江西婺源江湾村、陕西礼泉袁家村、贵州雷山千户苗寨等一批典型，探索出农家乐、采摘园、特色村等模式。胡鞍钢等学者曾撰文指出，乡村旅游开辟了"离土不离乡"的3.0版中国农民转变之路，是中国农民继家庭联产承包责任制、乡镇企业后的第三大发明，也是城镇居民对农村居民旅游服务进行转移支付的最好途径，更是做强农业、做美农村、做富农民的可行之道。

经过三十余年的发展，乡村旅游业面临着"成长的烦恼"，具体表现在资源同质化、产品初级化、模式单一化、竞争白热化等方面，导致"一短三低"，即停留时间短、人均消费低、体验度低、重游率低。与此同时，还造成日益凸显的"旅游飞地"、景观城市化、传统文化异化等问题，这些问题严重影响着乡村的命运和文化传统的继承。这些问题的产生与乡村建设和治理的大环境密切相关，也与乡村旅游发展的路径依赖难脱关系。从前者来看，受传统农业的脆弱性、农民的保守性、乡村的封闭性等因素影响，人口单向流动、土地利用约束、种养产业衰退、基础教育落后、传统文化失传、农民生计困难六大问题导致乡村的衰退，乡村旅游难以获得发展所必需的人才、科技、信息、知识、创意等要素。从后者来看，乡村旅游从庭院经济起步，以农家乐为基本形式，利用自家闲置的庭院和房间，将农家菜和民宿作为主要产品销售给城市居民，后来又延伸到利用田园、鱼塘、林地发展采摘、垂钓和相关休闲活动。这一副业不用增加多少投资，也不用承担大的市场风险，却满足了城市居民周末和节假日的初级休闲旅游需求。但是，随着旅游者需求层次的提高

和旅游产品供给者的增多，这一模式自身具有的资源同质化、进入门槛低、产品替代性强、创新易被复制等弱点就不断暴露出来，遭遇发展的"天花板"。截至目前，2005 年公布的第一批和第二批全国农业旅游示范点中，已有部分乡村旅游地经过一段时间的快速发展之后跌入低谷，亟须探索新的思路、转变发展方式、推进产品升级。

二、新时期乡村旅游发展的创意驱动模式

为了解决上述问题，乡村旅游应尽快实现发展方式的转型创新和产品的升级换代，其中之一就是从资源依赖型向创意驱动型转变。所谓创意驱动，就是依据现代旅游的内容产业与创意经济属性，从人们根深蒂固的乡土情结和田园精神出发，依托农村、农业、农民"三农"资源，用好生产、生活、生态"三生"空间，强化创意思维，集聚创意资本，注重科学研究与创意策划，赋予平常的事物以非凡的意义，赋予同质的空间以不同的内容，将"三农"资源转化为旅游资源，将"三生"空间转化为体验空间，培育新景观、策划新活动、开发新产品、创造新业态、生产新体验、开拓新市场，提高乡村旅游的吸引力、竞争力和附加值，满足旅游者多元化、个性化体验的需求。与传统的乡村旅游发展模式相比，创意驱动模式具有如下特点：思维的创新性、资源的可拓性、产品的差异性、人才的依赖性、空间的无限性。从本质上看，乡村旅游发展的创意驱动模式就是通过"三农"的创意化来实现"三生"的体验化。亦即，将农村、农业、农民提升改造为创意社区、创意农业、创意阶层，为乡村旅游发展提供内生动力，将生产、生活、生态空间转化为特色鲜明的农耕农事活动参与、美丽乡村休闲娱乐、生态观光度假空间。

被誉为"创意经济之父"的约翰·霍金斯（John Howkins）认为，创意是最重要的自然资源，也是拥有最高价值的经济产品；在新时期，最有价值的通货不是金钱，而是无形的、变动性极大的创意和知识产权。美国创意经济研究的代表人物理查德·佛罗里达（Richard Florida）也指出，人类的创意在我们的经济和社会生活中扮演着重要角色，是最重要的经济驱动力。国内旅游业界专家普遍认为，创意是旅游资源向产品转化的点金术、丰富旅游产品的主要途径、开拓旅游新空间的利器、旅游经济的火车头、带动传统旅游产业升级的法宝……一言以蔽之，创意是旅游业的生命。旅游是创意产业，旅游地之间的竞争在很大程度上是创意的竞争，对于乡村旅游亦是如此。这就要求乡村旅游应注重发挥创意的力量，用创意推进产品创新和发展方式转变。所谓创意，就是人们对于旅游产品生产、营销、交换和消费的独特理念和新颖构思，是创意阶层长时间复杂脑力劳动的结晶，是综合运用创造性思维和逻辑思维对乡村"三农"资源和"三生"空间进行重新审视、发现、转化、创新的结果。乡村创意就是在对乡村社情、文化资源、生态环境、耕种习惯和民风民俗充分研判的基础上，挖掘乡村文化内涵，以差异化为出发点，借助于创意产业的发展理念，将创新思想、科学技术、营销方法和人文要素融入乡村地域系统，通过整合资源、嫁接创意、拓展农业外延，将传统农业生产和农耕体验、生态保护、观光旅游、休闲度假、养生保健、

文化传承和民居保护融为一体的发展形态。运用创意改造乡村、发展旅游，是促使乡村"三农"资源与现代城市居民精神文化需求对接，以实现"三生"空间承载社会发展所需新功能的基本路径。

实践是检验真理的标准。中国浙江浦江罗源 3D 画村、中国辽宁沈阳"稻梦空间"、中国广西阳朔《印象·刘三姐》、中国云南南涧樱花谷、中国海南共享农庄、中国四川郫都的可食地景、中国陕西留坝的芳草坪花谷旅游环线等实践证明，创意可以实现无中生有、锦上添花、化零为整、以小博大、一石三鸟、转劣为优、变废为宝、推陈出新、借势突围、差异发展，为看似稀松平常的耕牛、农田、老屋、小道等乡村风物赋予了独特、深刻、丰富的意义，丰富了旅游资源，挖掘了乡村文化，孕育了独特卖点，吸引了公众眼球，深化了游客体验，更好地满足了城市居民返璞归真、遣发乡愁、寻根还乡的精神文化需求，突破了"打牌 + 吃饭"的传统农家乐发展模式，助推着乡村旅游的提质增效、转型升级和创新发展，从而促进早日迈向优质旅游，充分满足人民群众日益增长的美好生活需要。

三、实现乡村旅游创意转向的重点任务

将创意作为乡村旅游发展的新动能、实现乡村旅游的创意转向，需要具体的抓手和明确的载体。乡村旅游创意转向的实质是用创意武装乡村旅游，包括农业、农村和农民。据此而论，乡村旅游创意转向主要有三种实现路径，即发展创意农业、打造创意社区、培引创意阶层。这三种路径分别指出了新时期旅游语境下农业、农村、农民的发展方向，明确了实现乡村旅游创意转向的重点任务。

发展创意农业。在后工业社会，农业的粮食生产功能所占比重有所降低，创意化、精致化、有机化、体验化、智慧化成为新时期农业发展的重要趋势。依靠农药、化肥来提高农作物产量的年代已经一去不返，取而代之的是通过科技和创意来优化农业的功能。所谓创意农业，是指运用知识、经验、信息、情感、想象、技能等对传统农业的生产原料、场所、过程、劳动、产品进行改造，使其具有生产体验、吸引眼球、塑造品牌、价值提升等功能的农业。与传统农业相比，创意农业具有智力投入大、新颖性强、融合度高、体验度高、带动性强等特征，是多功能农业、高附加值农业、旅游体验型农业的典型代表。创意农业主要体现在产品创意、服务创意、环境创意和活动创意四个方面。它能够塑造变化有致的农业景观，创造丰富多样的游憩机会，孕育底蕴深厚的文化内涵，为乡村旅游提质增效奠定基础。

创意农业是当今世界农业发展的新业态，涌现出英国"旅游环保型"创意农业、荷兰"高科技创汇型"创意农业、法国"环保生态型"创意农业、德国"社会生活功能型"创意农业、日本"多功能致富型"创意农业等典型。综合比较而言，日本的创意农业发展较为成熟，具有较高的参考价值。日本农民提出了"我们要靠种植梅子和板栗到夏威夷去观光"的口号和目标，明确了"自立自助，创意下功夫"原则，提倡依靠自己的创意和努力

实现内生发展，创设了诸如青森县田舍馆村的"稻田画"、北海道富良野的富田农场七彩花田、静冈县景观化茶园与系列衍生产品、大分县汤布院镇"一头牛的牧场"与"品尝肥牛大喊大叫大会"等富有创意的农业景观和体验活动，加快了农业结构调整，延伸了农业产业链，拓展了农业多种功能，促进了所在地区乡村旅游业的蓬勃发展。

发展创意农业的关键，在于深刻理解农业的多功能性，充分认识农业资源的多重属性，把握创意产业经济学、文化经济学、体验经济学原理，注重第一、二、三产业之间的深度融合，将文化、艺术、科技等创意元素与农业生产的原料、场所、过程、产品有机结合，形成具有吸睛效应的产业景观、功能完善的复合空间、参与互动性强的体验活动、特色鲜明的衍生产品。在这一过程中，政府的引导与激励、农业协会的服务与指导、创意人才的探索与带动、农民对农业的认同与努力都是十分重要的。在农业旅游示范点、国家农业公园、田园综合体、现代农业示范区规划建设的过程中，应自觉将创意农业作为重要方向和内容，因地制宜地将创意元素融入农业生产过程，策划特色鲜明的体验活动，让农田转变为耐看、有趣、好玩的旅游场所，让游客在农业劳动体验中收获快乐、加深对农业和农耕文化的理解。

建设创意社区。村落是村民生活的地方，是乡村文化的核心载体，也是游客体验原汁原味乡村生活的主要空间。部分村落因历史文化、民族风情、生态环境特色鲜明而自然地成为旅游场所（如安徽黟县西递古村、贵州雷山县西江苗寨、云南大理市双廊渔村），但是多数村落都存在先天优势不足、村容村貌雷同、发展活力欠缺、市场卖点不够等问题，导致引不来客、留不下人。转变城乡角色认知，推进社区营造，打造创意社区，保护乡村的空间载体，凸显乡村的"桃源"意象，活化乡村的文化资源，发掘乡村的多元价值，让民俗时尚起来，让历史鲜活起来，让庭院精致起来，让村落变得有诗意、有情怀、有温度，将村民生活空间转化为游客体验空间，是解决上述问题的重要路径。

社区营造强调通过唤醒居民对家乡的感情，激发居民的建设激情，坚持自主自立、自下而上、全民参与、终身学习、在地产销、美感创意、永续经营的原则，建设可永续发展的社区生活共同体。在新时期，社区营造的基本指向之一，便是将"美学"与"创意"概念渗入大众的日常生活之中，形成创意社区。创意社区是充满活力和富于人性化的地方，是所有人都能够表达并运用自己的创意思想的场所，是创意社会的空间构成单位。在旅游语境中，创意社区必须能够将创意转化为体验式产品，供游客进行创意消费。

打造创意社区，其核心任务是带动全民参与社区改造的热情，挖掘、保护、利用"人""文""产""地""景"资源，策划举办各类文化创意活动，构建创意互动和体验空间，提升整个村落的再生与创意活力，为开展创意旅游提供机会，以满足城市居民"诗意的栖居"和"精神还乡"的根本需求。在深入推进乡村振兴和全域旅游发展过程中，应依托传统村落、特色景观名村、历史文化名村、民族特色村寨、旅游特色村、美丽乡村建设，借鉴英国、日本、韩国等国家社区营造的成功经验，积极稳妥地推进文化创意与乡村建设、旅游产业的融合发展，培育一批创意研发能力突出、创意活动项目丰富、创意空间品质优良的创意社区，为精品民宿、研学旅行、创意体验、节事旅游等业态提供载体。

培育创意阶层。创意主要来自被理查德·佛罗里达称为创意阶层的群体。创意阶层是在新经济条件下，由于经济发展对于创意的渴求而衍生的一个新的阶层。他们的工作涉及制造新理念、新科技、新内容，包括所有从事工程、科学、建筑、设计、教育、音乐、文学艺术及娱乐等行业的工作者。这些人具有创新精神，注重工作独创性、个人意愿的表达及对不断创新的渴求，通常与文化艺术、科技、经济等领域的事物有着不可分割的关系。创意阶层主要集中在城市，但生态环境优良、自然风光优美、文化多样性突出、生活设施完善的乡村也备受创意阶层青睐，中国大理洱海周边村镇就是创意阶层集聚地，日本德岛县神山町和泰国不少实施 OTOP（"中国一乡一品产业联盟"）计划的乡村也成功吸引了来自城市的创意人士。

培育本土的创意阶层，是乡村旅游内生发展的重要任务之一。日本组织专业培训，注重经验交流，培养富于挑战精神的创意领军人才，倡导终身学习，表彰优秀团体和个人，都是可资借鉴的经验。《孟菲斯宣言》中确立的 10 项原则对于乡村旅游地培育、吸引创意人士集聚也具有重要的指导意义，这些原则分别是：培育和奖励创意；投资创意性生态体系；拥抱多样性；培养创意人士；重视冒险精神；展现真实自我；致力于提升地域品质；扫除影响创意发展的障碍；担负起改变社区的责任；确保每一个人，特别是孩子，拥有创意培养的权利。在乡村旅游发展中，可以依托民族传统文化保护区、非物质遗产传承基地、乡村旅游创客示范基地建设，结合乡村旅游创客行动、新型职业农民培训、非物质文化遗产传承人评选，培育、引进创意人才，不断提升创意资本，促进农村居民形成乡村文化自觉意识，以保障乡村旅游可持续发展。

根据我国乡村旅游发展的实际，创意阶层初期培育的重点，可以放在大学生村官、社区精英、退伍军人、返乡农民工、退休教师、非物质遗产传承人等群体上面。与此同时，吸引外地创意阶层前来生活、工作和创业，是乡村旅游发展中与招商引资同等重要的事情。在创意人才招引方面，应抓住逆城市化和乡村振兴战略的契机，顺应人们回归自然、文化寻根的需求，发挥乡村生态环境和传统文化优势，完善基础设施和公共服务设施，挖掘文化资源，塑造包容氛围，优化创意生态，吸引热爱土地、认同乡村、勇于担当、敢于探索的创意人士。鼓励创意人士之间的交流与互动，共同挖掘乡村文化资源，丰富乡村文化的展示方式，激发村民的参与和创造热情，共同促进乡村旅游文化创意含量的提高。

创意是推动旅游业发展的核心要素之一，是新时期乡村旅游转型升级的新动能。为了解决资源同质化、产品初级化、模式单一化、竞争白热化等问题，乡村旅游地应着眼于创意农业、创意社区、创意阶层，尽快完成从市场驱动向创意驱动的转变。尤其是对于发展多年，处于生命周期巩固阶段后期或已进入衰落阶段的传统乡村旅游地而言，这一任务更加重要和紧迫。诚然，乡村旅游实现创意转向的具体途径不一而同，需要地方政府、农村基层组织、村民、第三方机构等多方力量发挥积极性、主动性和创造性，以探索适合自身实际的发展道路。

第三节　乡村旅游可持续发展

随着我国经济社会的不断发展，居民人均生活水平逐年递增，随之而来的人们的旅游需求也在不断提升，为乡村旅游发展带来了新的机遇。乡村旅游作为一种非常重要的旅游活动，能够满足居民尤其是城市居民到乡村放松、体验乡村生活的需要，同时也有利于农村产业结构的调整优化发展，对于促进农村区域经济发展，提升农民收入水平，加快新农村建设也具有非常重要的意义。但是在乡村旅游发展过程中，也面临着不少的问题，尤其是乡村旅游景点打造力度不足，乡村旅游产品服务过于单一及体验性旅游不够深入等问题较为突出，需要全面深入地研究在乡村旅游发展中面临的主要问题，不断地改进完善，以实现乡村旅游的长远可持续发展。

一、发展乡村旅游面临的主要问题

乡村旅游，主要是围绕着乡村自然环境、农业生产活动、农村民俗文化等要素集合的旅游载体，其核心在于与乡村有关的风土人情、乡村文化及乡野风光等。乡村旅游在总体分类方面大致可以分为山水生态类、乡村农业类、历史人文类及民俗文化类等，乡村旅游最大的特色就是具有鲜明的乡村特色，以休闲娱乐为主。当前，发展乡村旅游所面临的问题主要集中表现在以下几方面。

乡村旅游资源的开发规划不够科学。不少地方虽然都大力发展乡村旅游项目，但是在乡村旅游项目的实际发展过程中遇冷，其根本原因还是在于对发展乡村旅游没有进行深入的论证分析与科学规划，尤其是有的地方不具备发展乡村旅游的基础条件，有的地方旅游资源薄弱，有的地方在乡村旅游发展方面缺少总体规划等，忽视这些客观因素而盲目地进行乡村旅游项目的建设开发，必然会出现乡村旅游发展后劲不足的问题。

乡村旅游的产品在内涵和特色方面有缺失。不少地方在乡村旅游的发展方面都处于粗放经营的状态，多是一些普通的采摘活动或者是简单的休憩娱乐活动，而且存在着非常严重的同质化的问题，对于各类乡村旅游缺乏深入地挖掘，也没有品牌形象观念，尤其是对于本土的一些民俗文化和传统节事等文化资源的利用不够充分。

乡村旅游的宣传和服务不到位。有的地方在发展乡村旅游方面，没有到位的宣传，而且在乡村旅游发展上的营销手段非常落后，造成了一些乡村旅游项目没有足够的知晓率，自然难以吸引游客，也难以产生应有的经济效益。同时，不少地方的乡村旅游项目基础设施建设较为落后，停车、餐饮、休息等基本设施配套不够完备，内部的服务质量也不够高，影响了乡村旅游产品的整体层次，自然难以产生较大的客流。

二、促进乡村旅游经济可持续发展的措施

强化对乡村旅游经济发展的规划引导。促进乡村旅游经济发展，应该注重对乡村旅游经济的整体规划引导。首先，应该注重做好整体规划，针对不同地区乡村旅游在山水田园、河流湖泊、庭院住房、桥梁河堤及道路交通等方面的不同特点进行科学规划，实现乡村旅游项目规划布局的科学合理，有效防止乡村旅游项目建设中出现的重复建设或者是盲目开发的问题。这方面政府应该充分发挥主导作用，尤其是应该强化政策扶持，规范完善行业管理，并重点做好地域特色、传统文化和现代文化的挖掘，做好乡村旅游经济发展的规划，重点是突出本土元素，提升地方乡村旅游的吸引力。

加强对乡村旅游经济发展的宣传营销。在乡村旅游经济的发展方面，应该采取品牌化战略经营的模式，强化宣传营销，进一步提升乡村旅游项目的市场吸引力。

在宣传方面，可以充分运用广播电视台，并探索用好互联网和移动互联网等网络宣传平台，或者是在宾馆车站等客流集散中心，再或者是与旅行社加强合作等，强化对乡村旅游项目的宣传。在营销方面，应该根据乡村旅游项目的实际情况，综合采取价格策略、奖励促销策略、网络销售策略及节事活动营销策略等多种手段，在降低营销成本的同时，不断提升乡村旅游项目的营销效果。

提升乡村旅游项目的层次水平。在发展乡村旅游方面，首先，应该打造特色品牌，可以按照自身独特的旅游资源有重点地打造，如打造生态农业观光、农产品采摘、农家院、农业休闲等特色鲜明的乡村旅游产品，不断丰富乡村旅游产品，促进乡村旅游产品结构的优化，进一步强化游客体验，形成特色鲜明的乡村旅游品牌。其次，应该注重不断完善乡村旅游基础服务设施的建设，可以探索积极采用集资入股或者是资金引进等多种方式，通过外部资金的支持，不断提高乡村旅游服务质量和水平，进一步提高乡村旅游的知名度和美誉度，促进乡村旅游经济效益和社会效益的提高。

综上所述，促进乡村旅游的长远发展，应该根据当前乡村旅游发展中面临的主要问题，进一步加大乡村旅游的经济投入，改进完善乡村旅游的运营管理体制，加快旅游资源的整合，推动乡村旅游与环境保护的协调可持续发展，从而推动乡村旅游水平的不断提高。

第二章 乡村旅游基础理论

乡村旅游是乡村目的地系统的一部分，随着旅游业的发展，乡村旅游发展将演变成为乡村大系统当中一个重要部分。同时，乡村旅游的各个要素构成一个完整的系统，乡村的自然资源、人文资源、发展条件、影响因素，甚至包括旅游者都是乡村旅游系统的组成部分，这些要素为乡村旅游提供条件，组合成乡村旅游产品，它们综合起来产生的旅游氛围和功能又是各个单独要素所不具备的。各要素之间是相互有机关联的，遵循着一定的规律相互影响和制约，并且处在动态过程之中，不断地发生有序变化。在内外部条件的作用之下，乡村旅游将遵循系统的演化规律朝着最佳状态发展。

第一节 休闲农业与乡村旅游

一、休闲农业与乡村旅游概念、特点、功能及作用

（一）休闲农业与乡村旅游的概念

从产业形态来看，应注重农业、旅游服务业及农村文化产业等的结合，它是集第一、二、三产业为一体的一种新型的产业；从时空特点来看，休闲农业具有季节性，注重布局上的绿色生态性，重视资源整合和城乡关系的协调性。

乡村旅游，是旅游者在乡村及其附近逗留、学习、体验乡村生活模式的活动，是利用农业和乡村资源开发的一种集休闲、观光、度假、体验于一体的综合性旅游产品。乡村旅游是一个地域概念，与城市旅游相对应。

（二）休闲农业与乡村旅游的特点

一是休闲农业与乡村旅游的产业形态跨越第一、二、三产业。传统的农林渔牧业的生产称为第一产业，农产品加工业为第二产业，服务业则属于第三产业。休闲农业以农业生产为基础，为游客提供消费与体验活动，同时也将初级产品通过创意加工制造提升其附加

价值，最后以旅游业的理念与方法将为游客提供全方位的服务。因此，休闲农业是农业生产、农产品加工和服务业三级产业相结合的农业产业形态。

二是休闲农业与乡村旅游体现人与自然的和谐性。休闲农业与乡村旅游发生在乡村地区或者通过规划设计的农村田园景观，自然优美的乡野风景、舒适宜人的清新气候，是城市人回归自然、感受自然、融合自然的好去处。其本质是人们以宽松的心态，通过乡村休闲来领悟人类与自然和谐相处的一种生活方式。

三是休闲农业与乡村旅游具有较强的参与性。休闲农业与乡村旅游除了观光欣赏农村田园风光以外，还要为游客提供实践和参与的机会，在休闲农业与乡村旅游活动中，农事劳动多数情况下已成为游客自我表现和创造快乐的机会，某些劳动的付出是游客求之不得且欣然向往的，并在这种体验活动中享受到难得的乐趣。

二、休闲农业与乡村旅游发展趋势

休闲农业与乡村旅游在我国的发展已显示出强大的生命力。我国地域辽阔，具有发展休闲农业与乡村旅游的资源优势，且蕴含着巨大的市场潜力。展望未来，休闲农业与乡村旅游将呈现以下发展趋势。

一是开发模式产业化。随着城乡居民收入水平的不断提高，未来休闲农业与乡村旅游的档次结构会更加丰富和多元化。因此，开发休闲农业和乡村旅游的思路之一，是进行资源要素整合，通过规划设计，形成一个全新的产业体系，即以休闲农业企业为龙头，形成休闲农业产业集群，通过一体化经营和相关产业的发展，不断推进休闲农业的市场化、规模化、现代化和国际化。

二是经营管理科学化。休闲农业与乡村旅游必须逐渐摆脱现有的单家独户式的管理模式，进行科学化现代企业管理。现在酒店集团顾问管理休闲农业企业（乡村酒店）等已经凸显这种趋势。在项目开发选择上，一定要在对本地区的旅游资源、客源市场、地理位置等进行充分有效地评估、定位和市场分析之后确定开发方案，不能盲目跟进。在日常经营中加强培训，强化服务意识。政府必须加强对休闲农业和乡村旅游的规范化引导，将休闲农业与乡村旅游纳入当地政府的议事日程，加大投入，建立标准化评价体系。

三是产品开发特色化。休闲农业与乡村旅游的产品开发必须与当地的民风、民俗紧密结合，挖掘文化底蕴进行有创意的规划设计和包装。同时，可以实行错位开发，因地制宜设立休闲农业与乡村旅游项目，从城乡统筹的高度，打造与当地自然环境和人文环境相协调的特色产品。

四是形象提升品牌化。休闲农业与乡村旅游要做大、做强，必须突破"小而全"的经营模式。对于一些有资源特色、有管理能力的休闲农业与乡村旅游项目，当地政府应运用行政力量，整合优势资源，搭建平台，进行品牌整体包装与市场化运作，以提高休闲农业与乡村旅游企业的知名度。

三、发达国家（地区）休闲农业与乡村旅游发展的主要模式

（一）德国：家庭农场承包模式

德国休闲农业的模式有三种，如图 2-1 所示。

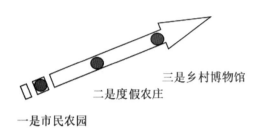

三是乡村博物馆

二是度假农庄

一是市民农园

图 2-1　德国休闲农业的模式

其中市民农园是德国休闲农业最主要的形式。市民农园是一种以家庭农场承包为主要形式的休闲农业模式。这种由休闲农业转变而来的新型模式，不仅可以降低企业成本，还可以避免面广、线长，结构单一的缺陷。根据承包者身份的不同，可以将这种承包方式分为旅游者承包模式和当地居民承包模式。

（二）法国：专业农场模式

法国休闲农业主要以专业农场为主，根据体验性质可将法国休闲农业划分为一种不同属性农场，包括农场客栈、点心农场、农产品农场、骑马农场、教学农场、探索农场、狩猎农场、暂住农场和露营农场。

（1）农场客栈。属于饭店餐饮类型的农场，是现有农场动物与植物生产的延伸经营。农场客栈宪章中，限定餐饮要采用当地农产相关食材与烹调方法，以呈现出乡土美食的特色。

（2）点心农场。经营时间在下午 3—6 点，仅能提供农场自产的点心，不能贩售正餐，也不能在正餐使用时间将点心当成正餐贩售。

（3）农产品农场。持有"农产品农场"资格的农业生产者，所生产农产品的主要原料需以本身农场养殖的动植物为主，次原料可以来自农场以外的产区，其生产加工程序需在农场开发地进行。

（4）骑马农场。骑马农场要求在农业植物生产需达到可供马匹饲养的程度，同时也规定了骑马设施、接待服务、餐饮与住宿条件必须符合"欢迎莅临农场"的条件。

（5）教学农场。教学农场旨在让学生有机会接触真实农业世界，以接待学生团体进行学校活动及提供休闲中心为目标。

（6）探索农场。主要提供对于农场动植物养殖情形、当地人文及自然地理环境的详细介绍，并可让客人品尝自营农场生产的物产。

（7）狩猎农场。所供应的活动包括运动活动、文化活动、狩猎活动（猎狗的训练、使用捕兽器狩猎、狩猎照相）等活动。

（8）民宿农场。主要是以自营方式提供消费者短期或周末在农场的休闲生活，接待的规模不能超过25人，亦不能露营与宿营，以防扰乱农场原有的运转机制。

（9）露营农场。露营农场的标志只授予少数符合条例且经常使用的场地，其申请须经农业部与法国露营暨露营车联合总会审核通过。

（三）美国：大型郊游区模式

美国开辟大型郊游区供游钓、野营、骑马等郊游活动；开展农场、牧场旅游，旅游活动主要有农产品购物、观光体验、乡村生活等。美国大型郊游区休闲农业与乡村旅游类型主要有四类，即农产品购物型、观光农作型、农业展示型及农业景观型。

（四）日本：农务参与型休闲农业与乡村旅游发展模式

日本休闲农业的农务参与型休闲农业发展模式极具代表性。以春天插秧、秋天收割、草原放牧、牛棚挤奶、捕鱼捞虾等作为主要经营内容，吸引了大批国内外游客。

日本农务参与型休闲农业发展模式以经营主题为标准，又大致可划分为如图2-2所示的几种类型。

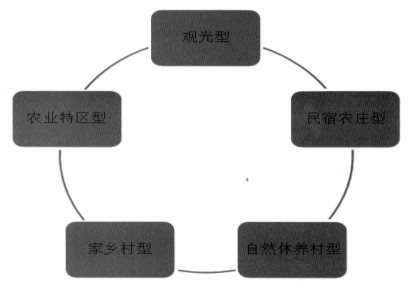

图2-2　日本农务参与型休闲农业发展模式

四、休闲农业与乡村旅游规划设计

（一）休闲农业与乡村旅游的资源禀赋和评价

1. 确定项目类型

依据区位优势、资源禀赋、历史文化背景等条件，我国休闲农业发展总体布局分为四类区域，即大中城市和名胜景区周边、依山傍水绿草自然生态区、少数民族地区和传统特色农区。以上地区发展休闲农业与乡村旅游具有相对的优势，具体到单个的休闲农业庄园，又可以分为以下类型：产业形态上包括休闲农业、休闲渔业、休闲牧场、休闲林场、休闲果园、休闲茶园、农业产业化龙头企业展示体验基地和国有企事业单位后勤保障基地等；地域分布上包括都市创意体验型、郊野休闲度假型、旅游景区依托型、农业园区配套型、新农村建设示范型、民族村寨文化传承型、山区林下综合开发型、湖区湿地保护利用型、矿区综合治理恢复型和老区产业扶贫带动型等；发展模式上包括大众休闲游乐型、高端养生度假型、区域支柱产业延伸型、专项主题文化深度开发型、特定客源市场对接型、社区支持农业订单型、农民合作组织捆绑型和品牌农庄连锁型等。以上各种类型与模式，对资源的要求不同，投资的大小不同，发展的方向与目标也不尽相同，需要规划单位与投资业主仔细研究，以便于因地制宜、量体裁衣制订科学可行的方案。

2. 满足功能要求

一是符合行业发展方向。体现项目的社会功能、经济功能、文化功能、教育功能、科技功能、生态功能、养生功能、休闲功能、体验功能和示范功能。

二是围绕生产与接待功能做好总体布局规划。总体布局应合理组织各种功能系统，兼顾软、硬件建设，既要突出各功能区特点，又要注意农产品的不同成熟期，使各功能区之间相互配合、协调发展，构成一个有机整体，并为今后发展建设留下余地。规划分区一般包括入口区、综合服务接待区、科普观光展示区、主导产业种养区、农耕体验区、引种育苗区、休闲度假区、拓展游乐区等。其中主入口区包括入口门楼、小型广场、停车场、洗手间、导游牌、囡旗台、假山水池等，综合服务接待区用于相对集中建设游客服务中心、住宿、餐饮、购物、娱乐、医疗、办公等接待服务项目及其配套设施，其他区域的建设要考虑满足农业生产、科普教育、农耕体验、度假休闲等功能的需求。

3. 编制规划文本

一个好的规划不仅能准确定位、合理布局、彰显创意，还能避免不必要的投资浪费，并提升项目的综合盈利能力和可持续发展能力，也就是我们常说的：好的规划，既是省钱的帮手又是赚钱的能手。休闲农业与乡村旅游项目规划文本，一般应包括以下十六个方面的内容：前言和总论、项目背景与条件分析、总体战略与开发思路、功能分区与项目布局、休闲接待服务项目规划、特色农业种养加工规划、趣味农事体验活动设计、主要景观节点规划设计、道路交通与旅游线路设计、主题文化与特色旅游专项规划、休闲设施与基础设施建设规划、生态保护与环境建设规划、潜在市场分析与开拓策略、投资估算与效益分析、运营管理与项目建议。

第二节　乡村旅游概念与发展类型

一、乡村与旅游

（一）乡村

乡村与城市具有诸多不同的地域特征，随着当今社会的快速发展，在城市化进程不断加快的浪潮下，乡村的概念、特征、功能、类型等都在不断地发生变化。

1. 乡村的概念

"乡村"这个司空见惯的词，其概念似乎清楚但不明晰。一般来说，乡村是一个相对于城市而言的概念，在有关文章中，已有大量的城乡划分标准，但仍然缺乏一个足以说明乡村总体本质较为准确的概念，不同的学科对其有不同的视角和解释。

在《辞源》中，乡村指主要从事农业、人口分布较城镇分散的地方。乡村地理学家胡夫·克劳特认为，乡村是人口密度较小、有明显田园特征的地区，具有粗放的土地利用方式、小规模和低层次的聚落、特有的乡村生活方式。黑尔法奎认为，乡村是一个地域范围，突出乡村的特质，即乡村性。拉采尔认为，乡村是指人群与房屋的分散，而城市则是指交通方便，人群与房屋的集中。罗德菲尔德指出，乡村是人口稀少，比较隔绝，以农业生产为主要经济基础，人们生活基本相似，而与社会其他部分，特别是与城市有所不同的地方。乡村和城市这一对矛盾体的界定和关注一直贯穿在人类学的研究过程中，而且"乡村"具有社区性的概念，强调社区的社会秩序与社会关系。张小林（1998）等学者从职业、生态、社会等不同的角度对乡村做出了不同的解释。由此可见，乡村不是一个简单的定义所能涵盖的，它是一个复杂而又模糊的概念。从单个方面来定义乡村也是不会被广泛接受的。

套用传统的观念来定义乡村，已经很难符合乡村发展的实际了，乡村的定义可以由乡村性来取代，即乡村的概念可以由乡村性的强弱程度来确定。一般而言，随着聚落规模的扩大，聚落职能的非农化程度越高，乡村性也就越弱。乡村性强的地区就是乡村地域，城市性强的地区就是城市地域，两者之间不存在断裂点，城乡之间是连续的（冯年华，2011）。

2. 乡村的特征

乡村不仅和地域、产业有着密切的联系，而且是由一种社会文化构成的。在这一空间地域系统中还包含着社会文化体系，乡村的特性表现在以下几点。

第一，空间辽阔，乡村人口散居，人口密度相对较低，人口流动率小，居民点规模小。

第二，土地类型以农业和林业用地等自然用地为主，以粗放型方式为主，具有乡村型自然景观。

第三，乡村居民具有区别于城市居民的独特的价值观和行为方式，人与人之间关系密切，以家庭为中心，注重家庭和家族的利益，血缘观念较重，地方观念和乡土观念浓重，风俗、道德的习惯势力较大，乡村社区环境较为封闭，居民观念较保守，生活节奏慢，社会变动小。

（二）旅游

随着社会的不断进步和人类休闲意识的提高，人们对旅游的认识在逐步地扩大和深入。然而旅游却拥有非常丰富的内涵，旅游的概念、特点、类型等值得人们探讨。

1. 旅游的概念

旅游是人类的一种社会活动方式。旅游活动在我国很早就出现了。《诗经》《礼记》《战国策》等典籍中已有旅游方面的词汇；到了唐代，"游子""游艺""游奕""游僧""游侠""宦游""优游""神游"等颇具旅游意义的词语已相当普遍地出现在史书、诗词中。然而在第二次世界大战以前还罕见"旅游"二字，更多的是用"旅行"来代替。

"旅游"从字义上很好理解。"旅"是旅行、外出，即为了实现某一目的而在空间上从甲地到乙地的行进过程；"游"是外出游览、观光、娱乐，即为达到这些目的所做的旅行。二者合起来即旅游。所以，旅行偏重于行，旅游不但有"行"，且有观光、娱乐含义。

关于旅游的科学含义，至今仍是一个争论不休的问题。奥地利经济学家 Herman Von Schullrad 认为旅游是"国外或外地人口进入非定居地并在其中逗留和移动所引起的经济活动的总和"；英国旅游学会给出的旅游的定义是"指人们离开其生活和工作地点向目的地作暂时的移动及在这些目的地作短暂停留有关的任何活动"；世界旅游组织将旅游定义为"为了休闲、商务或其他目的离开他们惯常环境，到某些地方并停留在那里，但连续不超过一年的活动"。旅游专家国际联合会认为旅游是"由人们向既非永久定居地亦非工作地旅行并在该处逗留所引起的相互关系和现象的总和"。在各种旅游定义的概述中，各有其强调的侧重点。有的强调用自己的经济手段和为着自己的各种需求而外出旅游，但却忽视了现实生活中大量存在的公费旅游；有的强调旅游的娱乐性，但却忽视了以求知为目的而进行旅行的广泛性；有的虽然承认求乐、求知是外出旅行的目的，但却忽视了旅游活动与经商谋利的联系；有的强调旅客必须至少在外停留24小时，但却忽视了边境旅行在旅游活动中的重要地位；有的强调旅游是现代社会生活中居民的一种特殊生活方式，但却忽视了古代社会旅游活动对现代社会生活方式的启迪等。

尽管人们对旅游的定义有着各种不同的表述，但是有几个共同点却可以肯定。那就是，旅游者外出旅行绝不能导致永久性居留，否则就是改变定居地；旅游者出游凭借的是自己拥有的可以自由支配的经济手段和必要的闲暇时间，否则与一般公务访问就无甚区别；旅游者出游，临时居留外地或别国，必须由旅居地为之提供食宿、游览、购物、文化娱乐和通信等系列服务。

基于上述分析，对旅游的定义可做如下表述：旅游是人们以前往异地寻求审美和愉悦为主要目的而度过的一种具有社会、休闲和消费属性的短暂经历。

2. 旅游的特征

人类旅游活动除了因时代的影响而具有不同时代的特征外，还有其自身最本质的特征，这就是审美性、异地性、暂时性、流动性。这些特征贯穿于人类旅游活动的始终，无论是过去未来，还是古今中外，皆莫能外。

（1）审美性。首先，从主体来看，审美追求是旅游者的普遍动因。旅游的具体动机可以是多种多样的，旅游的形式和内容也在不断地发展变化，但有一个共同点，就是为了获得身心的愉悦，审美活动贯穿于旅游的全过程、渗透到旅游的一切领域中。其次，从客体来看，旅游资源是体现美的载体。旅游的天地很广，所涉及的事物多种多样，旅游审美的渠道也很多，不过就审美对象而言，不外是自然美、社会美、艺术美三大类。各式各样的旅游资源无不体现或表现出这三种美。因此，可以说旅游资源是美的载体。最后，从媒体来看，旅游业是创造美和生产美的行业。旅游业的任务就是适应经济建设和旅游者的需要，生产和挖掘美的景观、美的艺术、美的商品，提供美的服务和管理。

（2）异地性。旅游是人类一种空间活动，离开日常生活圈到另一个地方短时期逗留，去观赏异地风光，体验异国情调，同当地人交往，并参与那里的活动，使精神和身体得到放松和休息。因此，一个地区异地性越强，对域外旅游者的吸引力就越大，旅游者的感受也就会越深。旅游的异地性特征是指旅游活动的发生要以行为主体的空间移动为前提。然而，在理论上表述"异地"的含义并不难，而在实践中却有大量难以认定的现象，其原因在于人们难以对所谓"常住地"的空间区划给以清楚的界定。城镇大小不一，社区也是一样，不管按什么标准，都难以有统一的结果，这是实践中遇到的最棘手的问题。

（3）流动性。旅游的异地性，决定了旅游的流动性。因为旅游者为了实现旅游目的，首先必须能够顺利地从自己的常住地转移到异地景区，然后从一个景区向另一个景区转移，这就产生了流动，也就是旅行。只有流动（旅行），游览才能获得更广阔的空间形式。

（4）暂时性。旅游的暂时性特征，是指旅游是仅发生在旅游者人生时间波谱中某一时段上的行为。旅游者按计划出游，也要按计划返回。所以，这段时间也往往被看成是对正常生活时间的一种溢出。与"异地性"一样，确定空间界限的难题在确定"暂时性"这种时间界限时也依然存在。

旅游产业发展一般有如下主要特征。

（1）旅游产业的发展以国际入境旅游为主。因为国际入境旅游的发展可以为国家或地区带来大量的外汇收入，所以这也成了大多数发展中国家和地区发展旅游产业的首要目标。在这种发展观指导下，旅游产业的发展主要是围绕着满足境外游客的需要展开的，其旅游产业政策的制定、旅游设施的建造、旅游产品的设计、旅游价格的确定和旅游产业体系的建立多是以境外游客为对象。

（2）政府主导下的超常规发展。在经济目标型发展观指导下的旅游发展，一般为政府主导下的超常规发展。所谓超常规发展，是指其旅游产业的发展主要不是建立在国家经济发展的基础上，并主要依靠三方面的力量进行。主要包括：

一是政府通过行政手段制定旅游发展的有关政策和优先配置旅游发展的资源要素；

二是引进外资或同外资合作进行旅游设施的建设；

三是扩大国外的旅游需求。

（3）外延型的数量扩张。在经济目标型发展观指导下，由于经济利益的驱动，其旅游产业的发展往往以接待人次和旅游产业的总体收入作为主要的衡量尺度，并以旅游资源要素的大量消耗来换取旅游产业产值的数量增长。

（4）经济和社会相结合视角下的发展观——社会、经济目标型发展观。在一些经济发达国家和某些经济比较发达的发展中国家，一般采取社会、经济目标型发展观。社会、经济目标型发展观是在社会和经济结合的视角下发展旅游产业，这种发展观一方面考虑到了旅游产业发展的社会功能，另一方面又考虑到了其经济功能。这种发展观指导下的旅游产业发展，一般具有如下特征。

一是在那些经济发展水平高的国家中，居民支付能力较强，旅游已成为人们生活中的必需品。同时，这些国家各项基础设施和公共设施的完善、先进和发展为这种消费需求的顺利实现提供了便利（陶汉军等，2005）。

二是市场机制对旅游产业的各个方面起主要的调节作用，主要表现在旅游资源要素的配置、旅游设施的建设、游客的流向和流量等。这种调节在正常情况下主要通过旅游供求、旅游价格和市场竞争来实现，政府很少干预，只是在特殊情况下政府才采取某些限制措施，如提高旅游税收、限制居民出境旅游所需外汇数额等。

三是旅游产业发展的规模较大，速度相对较低，但旅游服务质量高、效益好。因此，无论国内还是国外，旅游消费者的规模都比较大，旅游市场繁荣。其中一些国家是世界主要旅游客源国和旅游目的地国家。在这些国家，双向旅游十分发达，旅游设施设备完善、从业人员经验丰富、素质较高，因而服务和管理水平也较高，经济效益较为显著。

3. 旅游产业兴起的因素分析

旅游产业的兴起和发展是社会生产力前进的必然结果，是人类文明进步的必然结果。旅游产业的兴起主要有以下原因。

（1）旅游需求。我们纵观旅游产业发展的历程，不难看出，旅游活动不仅是一种空间上的地理流动，还是一种复杂的经济现象和社会文化现象的结合体，因此，旅游产业的发展受自然、社会经济和文化几方面的共同影响，是人类同它所赖以生存的环境发生相互作用的一种新形式。对新世界的渴望和好奇，推动人们不断去探险和猎奇，这就是人类需求的一种表现，我们称之为旅游需求。旅游需求是人的一种高层次的需求，是一种发展人的自身潜在力的需求，是一种追求美感刺激的需求，是一种创造或者建立人们自己的个性和性格的需求。

我们根据马斯洛的需求层次理论，将人类需求分为生理需求、安全需求、爱与归属的需求、尊重需求和自我实现需求五个高低不同的层次；较低层次的需求得到基本满足之后，便会逐步向较高层次的需求发展。人类的旅游需求不同于单纯的生理需求或者别的单纯某方面的需求，而是一种高层次的包括生理、心理、社会、文化、历史、自然等因素在内的多样化的需求，而旅游资源的丰富多彩恰恰给人们提供了同时满足多样需求的机会。因此，在近代大工业和交通迅速发展的基础上，在人们生活水平大大改善的背景下，20 世纪 50年代，人们的这种潜在的旅游需求终于变成现实可行的显现需求，旅游终于大规模地开展起来，并成为现代旅游产业兴起和发展的内在动力。

其中，市场需求是一个产品、一项产业产生、发展的主要原因，没有市场需求的产品、产业是无论如何也发展不起来的。而市场需求，说到底也是人的需求。同样，正是人的旅游需求创造了旅游市场和旅游产业。所以说，人的旅游需求是旅游产业兴起、发展的内在的、深层次的原因。美国专门从事旅游教育的学者唐纳德·伦德伯格曾经对人的旅游动机进行过长期的研究，他曾经列举了人的 17 种旅游动机，见表 2-1 所示。

表 2-1　唐纳德·伦德伯格的旅游需求动机

需求动机	具体内容
教育和文化方面的需求	观察别的国家人民是怎样生活、工作和娱乐的
	浏览特别的风景名胜
	更好地了解新事物
	参加一些特殊活动
休养和娱乐方面的需求	摆脱每天的例行公事
	过一下轻松愉快的生活
种族上的需求	访问自己的祖籍出生地
	到家属或朋友曾经去过的地方

需求动机	具体内容
其他	气候（如为了避寒）
	健康（要阳光、干燥的或湿润的气候，等等）
	体育活动（游泳、滑雪、航海）
	冒险活动（到新地区去，接触新友取得新经历）
	取得一种胜人一筹的本事
	适应性（不落人后）
	考察历史（古代庙宇遗迹、现代历史）
	社会方面的需求（了解世界）

（2）社会生产力。旅游需求是人类一项重要的生活需求，然而在漫长的历史过程中，在工业迅速发展的近代，人类的这种需求仍然是一种潜在的需求，而没有成为一种重要的现实需求，所以也就不可能产生真正经济意义上的旅游产业，最多只能是一种旅游活动。究其原因固然有很多，诸如国际政治原因、外交原因、战争的原因等，但归根结底旅游需求要成为一种现实需求，并导致旅游产业的产生和发展，还是要受到社会生产力发展水平的制约。"二战"后，随着现代科技的大规模产生和在经济领域的广泛应用，社会生产力飞速发展，全球经济空前繁荣，大大加速了全球财富的积累和人们生活水平的提高。这些都带来了旅游产业的兴起，并推动旅游产业高速发展。

根据有关方面的统计分析，当人均国民生产总值超过 300 美元，就会产生现实的旅游需求，形成近地（主要是国内）旅游；人均国民生产总值超过 1000 美元，就会产生近国旅游需求；而当人均国民生产总值超过 3000 美元时，就会产生远国（洲际）旅游需求。"二战"后，世界各主要资本主义国家经济飞速发展，国民收入猛增。如美国，1976 年的国民收入相当于 1950 年的 5.7 倍；德国，1976 年的国民收入是 1950 年的 19 倍；而日本，1976 年的国民收入比 1952 年猛然增加了 28 倍。1977 年，美国每人平均国民生产总值达 8715 美元，德国为 8370 美元，法国为 7140 美元，奥地利为 6360 美元，日本为 6005 美元。在美国，1977 年的年收入超过 250130 美元的家庭占到全部家庭的三成。经济的发展、人民收入的增加、生活条件的改善，使得旅游成为这些国家人民日常生活的必需品。这也恰恰说明了为什么西方发达国家既是旅游客源的主要输出大国，又是主要的旅游产业的总体收入大国。

从各国旅游费用的支出来看，德国和美国一直是世界主要客源输出国。1978 年，西德旅游费用支出已经达到 140 亿美元，美国为 110 多亿美元，仅这两个国家的旅游支出就占到当时旅游总支出的 1/3 以上。在日本，随着经济的增长、外汇储备的上升、人民收入的增加、生活水平的提高，出国旅游人数也在急剧上升。1970 年，日本出国旅游人数还只有 66 万人，到 1979 年已经突破 400 万人大关，整个 70 年代平均每年出国人数增加 30 万人以上。

20 世纪 80 年代以后，随着冷战的结束和全球对外开放浪潮的兴起，全球经济再度繁荣，尤其是西方国家，国民生产总值持续增长，推动旅游产业迅速走向成熟。1996 年，西欧主要国家的国内生产总值，英国为 12864.88 亿美元，德国为 22595.8 亿美元，法国为 14656 亿美元，意大利为 10896.6 亿美元。1996 年，日本出境人数达到创纪录的 1670 万人次，日本游客在海外旅游消费总额达到 58300 亿日元；美国出境旅游人数达 5210 万人次，接待入境旅游人数为 4632 万人次，国际旅游产业总体收入达 643.73 亿美元；法国接待外国旅游者人数达 6240 万人次，旅游产业总体收入 282.41 亿美元，出境旅游人数为 1659 万人次，旅游支出 160.38 亿美元；德国出境旅游人数更高，达 7610 万人次，支出达 588 亿美元。1996 年，世界五大国际旅游产业总体收入——美国、西班牙、法国、意大利、英国的旅游产业总体收入占到世界市场份额的 40.9%。2009 年，中国从国际游客入境旅游获得的收入为 397 亿美元，位居全球第五，排在前四位的国家分别是美国、西班牙、法国和意大利。在旅游发展进程中，旅游是和经济发展水平、人民收入水平紧密联系的，人民生活水平的提高，将不断推动旅游产业向纵深发展。

其中，人民生活水平的提高有两个含义：人们收入的增长和个人可自由支配时间的增加，这对于旅游产业的发展尤其重要。如果没有时间的保证，而只有个人收入的增加，对任何人来讲，旅游都只能是一个现实的渴求，并不能变成现实的行动。随着生产力的发展，西方国家早就实行了每周五日工作制，在 20 世纪五六十年代，有的行业已经实行每周 35 小时工作制，并开始普遍实行有薪假期制度，有薪假期为 30 天，甚至更长。西德职工的年平均工作时间 1960 年为 247.7 个工作日，1978 年减少到 210.1 个工作日；法国和英国也分别减少到 1978 年的 210.1 和 210.9 个工作日。在日本，一般大学刚毕业的职工，每年有 8 天带薪假期，每增加 1 年工龄，就增加 1 天假期，但按规定，最多只能有 20 天的带薪假期。据估计，在 20 世纪 80 年代初期，全世界共有 5 亿多职工享受带薪假期，其中欧洲约占 50%，美洲约占 30%，亚太地区占 12%，南亚占 6%，非洲占 4%，中东占 1%。目前，欧美国家职工平均工作时间进一步缩短，美国甚至倡导实行每周 4 天工作制。时间的保证，为旅游产业的兴起和发展提供了重要的条件。

（3）交通运输业的发展。交通工具和交通运输条件的改善，为旅游产业的兴起和发展提供了重要条件。人们的旅游需求要转化成现实的旅游行动，并借以产生旅游产业，除了受到收入水平的限制外，交通问题恐怕又是一个最为直接的制约因素。在漫长的古代和生产力较为发达的近代，即使是有了火车、汽车、飞机，交通条件仍一直是现代意义上的旅游产业难以形成的最直接的一个原因。

20 世纪 50 年代以后，随着科技的进步，交通工具得以不断改进，交通设施包括机场、铁路和高速公路等不断修建和完善，逐步形成了完备的交通网。美国的赫森研究所曾经对交通科学发展的历史情况和未来进行研究，指出了交通技术的发展对旅游产业的重要影响。1929 年，最快的旅游速度是每小时 160—200 千米。从纽约去伦敦，5600 千米的路程，坐飞机也要 5 天；1949 年，最快的旅游速度是每小时 400—480 千米。坐飞机从纽约到伦敦，

18 小时就够了；1969 年，从纽约到伦敦坐飞机只要 7 小时；1979 年，最高的旅游速度达到每小时 800—2000 千米，从纽约到伦敦只要 3.5 小时。

巨型飞机由于容量大、成本低、票价便宜，不但速度快，而且舒适、安全，成为旅游产业主要的交通工具。特别是廉价包机旅游目的地区都新建或扩建了机场，2006 年年底，法国拥有 134 座机场，其中 89 座机场能起降各种民用客机，仅上半年机场登记旅客就达 4570 万；西班牙的 49 个民用机场航班总数达到了 1091542 次，运载旅客达 1 亿人次以上；美国 2006 年共拥有喷气民航客机 4720 架，载客 5.627 亿人次，每天，全国民航运载 150 万旅客，航班 2.2 万次。

在铁路运输方面，日本国营铁路公司于 1964 年建成了纵贯日本沿太平洋地带的一条交通大动脉——新干线，最高时速达 210 千米，大大改善了火车运行速度慢的缺点。新干线投入运行，全天发车达 258 次，每天平均运送旅客五六十万人次。20 世纪 80 年代以后，日本又加紧开发出了时速高达 500 千米的磁悬浮高速火车，彻底改变了铁路运输速度慢的旧貌。尽管在近一二十年，铁路客运在许多国家已逐渐被飞机和汽车所代替，但是仍然发挥着重要的作用。2006 年，德国铁路线长 5.5 万千米，其中电气化铁路 1.65 万千米，城际高速火车实际时速达 250 千米，全年铁路客运营业额达 302 亿马克，长途火车运行 314 亿千米，短途 309 亿千米。在法国，2006 年铁路营业额达 540 亿法郎以上，年运送旅客约 8 亿人次，运输规模仅次于德国。2007 年欧盟 14 国铁路运载量达 25999.5 亿千米。

在欧洲和北美地区，高速公路迅速延伸成网，为旅游产业的发展创造了更加便利的条件。美国是世界上高速公路网最为发达的国家，横贯东西的"纽约—洛杉矶"线，全长达 4556 千米；法国的"里尔—巴黎—马赛"线全长 994 千米；还有纵贯德国南北的"汉堡—法兰克福—巴塞尔"线及意大利从北部边境至半岛南端的勒佐加拉勃利亚的"太阳道"，等等，都是欧美高速公路网的大动脉。高速公路行车速度快、安全，大大缩短了行车时间，它比一般公路要快 1 倍，比火车快 4 倍，比轮船快 6 倍。如从意大利的米兰到伊朗的德黑兰旅游一次，一般公路需要 25 天，若在高速公路上则只需 5 天。不仅如此，与一般公路相比高速公路还可降低 15%~20% 燃料消耗，所以许多旅客都愿意乘坐自己的汽车或租赁汽车旅游。1977 年，奥地利到欧洲各国的旅游者，乘汽车的占 99%，西德的这个数据为 80%，意大利的这个数据为 71%。

世界海上交通市场，由于航空和公路交通的发展，早已逐渐缩小，许多远洋定期客轮被长期搁置起来，轮船公司纷纷改营游船，特别是在北美洲，国际游船旅游迅速发展，1996 年，北美国际游船旅游者高达 466 万人次，是世界上最重要的国际游船市场。

（4）旅游产业的投入。世界各国对旅游产业的持续投入和旅游市场的激烈竞争，推进了旅游产业的发展和成熟。旅游产业自诞生以后，便快速发展。从 1950 年到 1960 年，10 年间国际旅游人数由 2520 万人次增加到 7210 万人次，增长近 2 倍；国际旅游产业总体收入由 21 亿美元增加到 68 亿美元，增长 2 倍多。从 1960 年到 1970 年，10 年间国际旅游人数由 7210 万人次增加到 1.59 亿人次，国际旅游产业总体收入由 68 亿美元增加到 179 亿美元，又翻了一番多。旅游产业对其他相关产业巨大的带动作用，引起世界各国政府对国际旅游产业的极大关注。20世纪70年代以后，世界各国尤其是各主要资本主义国家加速建设、完善旅游设施。

据统计，西德在1971年至1975年，仅用于新建、扩建和实现现代旅馆的投资就达19.8亿美元，平均每年投资约4亿美元；1976年增加到6.16亿美元；1977年增加到7.15亿美元；1978年更增加到8.56亿美元，是20世纪70年代前期年投资额的2倍多。加拿大在1971年到1975年用于新建、扩建和实现旅馆现代化的投资为11.54亿美元，平均每年投资2.31亿美元；法国和日本每年的投资额也都在1亿美元以上；瑞士对旅游产业的投资总额估计约为150亿瑞士法郎（殿理田，2000）。

大量旅游投资的涌入，不断地推动着旅游产业持续快速发展。1970—1980年，旅游人数平均每年增长5.2%；旅游产业总体收入平均每年增长19.9%，远远超过其他任何产业部门。很多国家和地区都用旅游产业的收入来抵消外汇的部分赤字。西班牙的旅游产业总体收入达到50多亿美元，占其全部出口收入的1/3，在当时就有人说旅游产业拯救了西班牙。在法国，1979年接待了2000多万外国游客，收入外汇近60亿美元，相当于其全年汽车出口的总额。20世纪80年代以后，各国都把发展旅游产业作为发展本国经济的重要措施，纷纷大量投资，形成了旅游产业全球性大发展的良好势头。英国政府每年拨款3亿英镑，用于维修名胜古迹、园林建设、环境保护、美化市容和改善交通。西班牙政府则把旅游产业当作一种"出口工业"重点发展，实施了一系列优惠政策，协助国外投资者在西班牙投资兴建旅游设施。土耳其也不甘落后，先后出台了一系列的优惠政策鼓励外来资金投资旅游产业，使得土耳其除生产制造业外，旅游产业一直是20世纪80年代接受外国投资最多的部门，占其全部外资投入的17%。到1992年年底，先后有153家外国公司在土耳其投资11万多亿土耳其里拉。根据旅游理事会1992年的《旅游总报告》，1990年旅游产业资本投资已经达到3510亿美元，占全球投资总额的比例为6.7%。1996年，旅游产业总投资则高达7660亿美元，占到世界投资总额的11.9%。与此相比，旅游市场的激烈竞争则是推动旅游产业发展、成熟的又一种内在的动力。特别是20世纪90年代以后，各国竞相发展旅游产业，开辟国际旅游市场，导致市场竞争愈演愈烈。为了在激烈的市场竞争中赢得更多的市场份额，各国不断完善本国的旅游产业，提高自己的竞争能力，使得旅游从业人员的素质不断提高，各种旅游设施日益完善，旅游活动的内容更加丰富，旅游营销手段变化无穷。这些都不断地推动着旅游产业规模的扩大和旅游产业的发展。

二、乡村旅游

乡村旅游有多种概念。在我国，乡村旅游的发展处于初始阶段，人们对乡村旅游的理解各有不同，近年来发表的有关学术论文对此有不少的论述，所关注的视角从原来的农家乐、观光农业到农业旅游，又转移到乡村旅游。这种视野的变化说明乡村旅游业由小到大、由弱到强的发展过程。这些概念的内涵既有差别也有交叉重合，有必要进一步区分这些提法和概念，深化对乡村旅游内涵的认识。

观光农业是指具有保护环境、美化环境和观光旅游等功能的农业，是将农村的空间和农产品等农业资源作为观光资源加以开发和充分利用，以期产生除农业生产之外的新价值、与观光相适应的一种农业形态。

由于国外乡村旅游起步较早，因此国外一些专家学者对乡村旅游的定义有着深入的研究，比较有代表性的概念见表 2-2 所示。

表 2-2　国外学者乡村旅游概念表

学者	概念
Bramwel 和 Lane	乡村旅游不仅是基于农业的旅行活动，而且是一个多层面的旅游活动。它除了包括基于农业的假日旅游外，还包括特殊兴趣的自然旅游、生态旅游、运动和健康旅游、教育性旅游、文化和传统旅游，以及一些区域性的民俗旅游活动
Gannon	乡村旅游是指农民或乡村居民出于经济目的，为吸引旅游者前来旅游而提供的广泛的活动、服务和令人愉快事物的统称
世界旅游组织	乡村旅游是指旅游者在乡村及其附近逗留、学习、体验乡村生活模式的活动，该村庄也可以作为旅游者探索附近地区的基地

乡村旅游在不同的国家有不同的含义。例如，在芬兰，乡村旅游是指把村舍出租给旅游者或者在乡村为旅游者提供膳食服务；在荷兰，乡村旅游是指在农场里进行野营、步行、骑自行车或骑马参观农场；在希腊，乡村旅游主要是指在传统的民居里住宿、吃农家自制的食品等。

各个国家的国情不同，学者们对乡村旅游概念的界定不完全一致，但基本上都认同乡村区别于城市的、根植于乡村世界的乡村性是吸引旅游者进行乡村旅游的基础，因而我们认为乡村性应当成为界定乡村旅游概念的最重要的标志（冯年华，2011）。

国内学者曾一度将农业旅游、农家乐与乡村旅游的概念混淆。近年来的研究中，学者们已经比较深刻地认识到概念混淆对理论体系的构建和实践操作带来的诸多影响，并总结出更准确的定义，比较有代表性的概念见表 2-3。

表 2-3　国内学者乡村旅游概念表

学者	概念
杜江	乡村旅游是以农业文化景观、农业生态环境、农事生产活动及传统的民族习俗为资源，融观赏、考察、学习、参与娱乐、购物、度假于一体的旅游活动
何景明	乡村旅游是指在乡村地区，以具有乡村性的自然和人文客体为旅游吸引物的旅游活动

学者	概念
唐代剑	乡村旅游是一种凭借城市周边及比较偏远地带的自然资源和人文资源，面向城市居民开发的集参与性、娱乐性、享受性、科技性于一体的休闲旅游产品，它的本质特征是乡土性
刘德谦	乡村旅游的核心内容应该是乡村风情（乡村的风土人情）；乡村旅游就是以乡村地域及农事相关的风土、风物、风俗、风景组合而成的乡村风情为吸引物，吸引旅游者前往休息、观光、体验及学习等的旅游活动
郭焕成	乡村旅游是指以农村社区为活动场所，以乡村田园风光、森林景观、农林生产经营活动、乡村自然生态环境和社会文化风俗为吸引物，以都市居民为目标市场，以领略农村乡野风光、体验农事生产劳作、了解风土民俗和回归自然为旅游目的的一种旅游形式

三、乡村旅游的发展类型

乡村旅游范围相当广泛，使用资源类型多。目前国内外学者对乡村旅游采取不同的分类方法，有按经营方式分类，有按活动目的分类，也有按照利用形态分类，还有按照产业结构、面积大小与经营主体及旅游目的等分类。

（一）按照旅游目的划分

以旅游目的来划分，乡村旅游发展类型主要有以下八类（蔡宏进，1989）。

（1）大型休闲胜地。此种休闲以农村旅游或附近有美丽的风景区为主，多半较具有浓厚的商业色彩。

（2）农舍或乡村旅店。乡土风情较前者足，以农村宁静的体验为主。

（3）多样户外活动为主。如可以滑雪、打高尔夫球、游泳等。

（4）户外游憩。如可以垂钓、野餐、骑马、露营等。

（5）采收水果。以经营果园的农村为主。

（6）打猎游戏。这在欧美国家比较盛行，猎物包括野生兽类、家畜、鸟类与家禽。

（7）野生动物的观赏。在一些农村同时有观赏野鸟或者保护区。

（8）品尝特色美食。当地的食物、特产有时是吸引游客的主因。

（二）按照发展经营方式与活动目的划分

根据经营方式与活动目的，乡村旅游大致可分为以下四种（陈昭郎，2010年）。

（1）生产手段利用型。让游客直接参与作物的栽培、收成后的加工等过程，可获得寓教于乐的效果，如观光茶园可以让游客亲自参与采茶、制茶的过程就属于这种类型，不过游客所需花费的时间较多。

（2）农产物采取型。在农作物收成期，开放让游客自己采摘，如在果树、草莓、蔬菜、花卉采收期，多采取此种发展类型。对于游客来说，可享受收成的愉悦，体验丰收的乐趣，同时可当场品尝农产品的美味，是目前比较常见的发展类型。

（3）场地供应。在日本和欧美国家较为常见的经营形态，让农园或农场充分发挥游憩的功能，提供游客休闲住宿的环境，享受田野生活的乐趣，或者成立观光植物园、昆虫园、生态园及观光牧场等，提供游客观光认识动植物生态的教育机会，这种经营方式是未来发展趋势。

（4）综合利用型。其性质兼具前面三种类型的性质，目前大型或综合型休闲农场、部分小型或简易型休闲农场都有经营农业体验与餐饮或住宿发挥休闲游憩功能。近几年该类型也较为普遍。

（三）按照发展项目范围划分

根据休闲农业的发展项目范围划分，乡村旅游发展类型可分为以下七种（卞六安，1989）。

（1）环境景观方面：如不同的地形、地貌及人为、自然之地表覆盖。

（2）农作物方面：如果园、菜园、花园、花圃等。

（3）森林方面。

（4）渔业方面。

（5）畜牧方面。

（6）农村文物方面。

（7）农村活动方面。

（四）按照经营主体与面积大小划分

按照休闲农业与乡村旅游经营主体与面积大小，乡村旅游发展类型可分为以下六种（陈昭郎，2010）。

（1）独资经营。由农场个人独资经营，属于较小规模的休闲农场、观光农园等，这些大多数是家庭农场的性质。

（2）公司经营。依据公司法组成主体来经营休闲农业。

（3）农民团体。由农民团体来经营的休闲农场。

（4）共同经营（合伙经营）。由多数土地所有权人或者农民，按其议定方式共同组成产销班或合伙方式一起经营休闲农业，目前这种类型极少。

（5）合作经营。依据合作社法，组成农业合作社或合作农场。

（6）公营经营（公家经营）。如森林游乐区、退辅会所属的农场、公立大学的林场，从事经营休闲农业均属于这种类型。

（五）按照利用形态划分

按照利用形态，乡村旅游发展类型可分为以下四种（陈昭郎，2010）。

（1）农产品直接利用型。直接将农场的产品提供游客采摘，购买与消费均属于此种类型。

（2）农作过程利用型。将农业生产过程提供游客体验活动，体验型休闲农场即属于这种类型。

（3）农业环境利用型。利用农业空间与环境，提供游客游憩活动，尤其满足游客休闲住宿需要。

（4）农村社区利用型。利用农村社区空间与资源，提供游客前来度假休闲游憩，如乡村民宿。

（六）按照区位性质划分

按照区位性质分，乡村旅游发展类型可分为以下四种（陈昭郎，2010）。

（1）都市近郊型。如花园、果园、市民农园、草莓园、茶园等，提供都市游客前来消费的发展类型。

（2）乡村型。如花卉、果蔬或综合型大规模度假农场，亦可经营农庄民宿。

（3）山地型。如森林游乐区、林间放牧、山地民宿等。

（4）海边型。如海钓、划船、游泳、品尝海鲜等。

（七）按照功能性质划分

按照功能性质，乡村旅游发展类型可分为以下四种（陈昭郎，2010）。

（1）游憩型。如提供游客观光游憩、度假、餐饮等休闲之场地等。

（2）教育型。如环保教育、亲子活动、民族文化、课外教学活动等。

（3）医疗型。如静养村、复健村、长青村等。

（4）综合型。包含各项食、衣、住、行、育、乐的活动。

第三节　乡村旅游对社会经济发展的影响

乡村旅游对社会最直接的影响就体现在经济方面。从目的地宏观角度来说，旅游业的发展会带来巨大的经济收益。以北京市为例，2004 年北京郊区乡村旅游收入超过 30 亿元，从而带动农村剩余劳动力的吸收与消化、农民收入的提高和收入渠道的拓宽，已经成为促进乡村经济发展的重要产业。另外，作为第一产业与第三产业相互渗透和融合所形成的新型旅游产业形式，乡村旅游的发展必然会带动农业及农村相关产业的发展，从而有利于农村资源的综合开发与利用，农业结构的调整与优化。从个体微观角度，社区居民可以从以下几个途径获得经济收益：第一为劳务收入，社区居民成为旅游企业雇员，出卖劳动力获得经济收益；第二为从商收入，通过开展与旅游活动相关的经济活动获得收益，如开办家庭旅馆、制作小手工艺品、提供餐饮服务及提供餐饮原料等方式获得收益；第三为通过股份制参与旅游景区开发，以自身拥有的旅游资源作价或投入部分自有资金参与股份制开发后，得到利润分红。

另一方面，乡村旅游的发展也会造成物价上涨，居民生活成本增加，而且有的时候乡村旅游开发难免涉及征地问题，会造成部分传统产业如养殖业的消失，使当地居民被动改变谋生方式。同时，社区居民未必能够获得均衡的利益回报，与外界聘请的管理人员相比，当地居民只能从事非技术性或半技术性的工作，经济地位和收入较低。而且由于乡村旅游季节性非常明显，居民的就业结构和收益都会受到强烈影响。

许多国家发展乡村旅游的历程可以证明，它对推动经济出现不景气的农村地区的发展起到了非常重要的作用（文军，唐代剑，2003）。国内不少地区乡村旅游发展的现状也日益显现出它对农村脱贫致富的重要意义。贵州省有132个民族村寨成为特色乡村旅游村寨，到2002年年底，农户家庭经营收入达1180万元，农户平均收入11238元，人均收入2180元，贵州省农村已有53.21万人通过发展乡村旅游摆脱了贫困，走上了致富之路（杨胜明，2003）。

农业生产的特点是分散性大，周期长，对气候条件依赖性强，易受自然灾害的影响，收益极不稳定，而且农业附加值低，其比较利益总是低于其他产业，特别是在农业经营规模小的国家，农业收入更受到局限，单靠农业很难保证农民生活水平的持续提高。乡村旅游成为农民增收的重要渠道，表现在四个方面：一是乡村旅游使许多农民成为从业者，农民可以通过打零工、摆摊零售、办旅馆、开餐馆、加工乡村土特产、参与旅游业经营增加其可支配收入；二是通过乡村旅游项目的投资人股份分红等途径增加收入；三是发展乡村旅游，可以充分利用各种资源，提高资源的综合利用效率，促进农村自然资源、人文资源在旅游开发中价值增值；四是旅游可以促进农副产品就地消费，降低运输成本，提高市场价格，促进农民增收。

乡村旅游为乡村居民创造了新的就业机会，不断拓宽他们的就业途径，直接增加收入，缩小与城市居民的收入差距。总之，发展乡村旅游业，可以挖掘农民增收的潜力，增加非农产业的收入，使部分偏远地区脱贫致富，是彰显乡村资源特色、实现资源价值、实现"生活宽裕"目标的主要手段。

乡村旅游对农民的增收随参与就业形式、家庭收入不同而效应不同。唐代剑、黎彦通过对浙江省786个乡村旅游点代表进行调查分析后认为，在乡村旅游发展时期，可带动农民增收12.17%。在乡村旅游中，农民获得的收入主要有打工的薪金收入、为农家乐提供农产品（原材料）所获得的收入、经营或投资收入、租金收入等。从现阶段乡村旅游发展的实地调查来看，经营或投资收入、租金收入在农民总收入中只占很小的份额，而且其涉及的农民范围也较为狭窄，不具有普遍性，但乡村旅游促进农民增收的作用是显而易见的。

通过对"在农家乐中打工获得的薪金"和"为农家乐提供农产品获得的收入"两个因素对农民增收的实证分析发现（杨启智、向银，2012），有64.81%的当地农民通过在当地农家乐打工所获得的收入占总收入的20%~80%，当地农民的年总收入与农民为农家乐提供农产品所获得的收入是正相关的、且影响显著，并且还成为许多农村家庭的主要收入途径；为农家乐提供农产品所获得的收入对农民增收的影响有限，仅占总收入比例的0~10%，对家庭年收入在1万~3万元的家庭有明显影响，比例为10%~20%时，对家庭年收入为3万~6万元的家庭具有显著影响。

第三章 国内乡村旅游发展实践

第一节 我国乡村旅游的起源与发展

我国的乡村旅游起步较晚。关于兴起时间的论述，一种说法是萌芽于20世纪50年代，当时为外事接待的需要，在山东省石家庄村率先开展了乡村旅游活动；另一种主流说法是80年代后期改革开放较早的深圳首先开办了荔枝节，主要目的是招商引资，随后又开办了采摘园，取得了较好的效益。于是各地纷纷效仿，开办各具特色的观光农业项目。

一、我国乡村旅游的发展阶段及特征

根据旅游偏好、旅游功能、政策导向、产品特征等，将乡村旅游分成三个阶段。

（一）起步阶段

此阶段从乡村旅游的兴起至1996年。在乡村旅游发展的早期，乡村优美的田园风光、良好的自然生态环境能够对城镇居民旅游者产生较大的吸引力。人们会选择节假日在春秋两季与亲朋好友相约组织郊游活动，一些城郊风景旅游地、独具特色的民族村寨及生态环境良好的森林公园成为主要的旅游目的地，同时一些风景名胜区周边的乡村农舍、餐饮开始出现，也就是现代"农家乐"旅游的雏形。

城乡旅游景观的差异性是吸引旅游者的主要因素，旅游者的出游动机主要为休息游玩、与亲朋好友互动、农家餐饮等，乡村旅游活动主要停留在观光游览的基础层次上，经营主体以个体农民或者小规模集体组织为主，乡村旅游基本上处于自发和粗放式经营的阶段，还没有出现专门的乡村旅游产品，乡村旅游市场处于萌发状态，理论界对此尚未给予足够的重视，尚无乡村旅游的总括性提法。政府也尚未介入或者未制定扶持政策。

（二）发展阶段

第一个阶段是1997—2004年。进入1997年以后，乡村旅游发展一方面继续依托乡村

旅游特色农业景观,如竹林、茶园、果园等特色农业产业,具有一定的景观审美功能,吸引一些旅游者观光游览;另一方面现代农业科技快速发展,农业景观开始被作为一种旅游资源进行开发,依托农业科技发展起来的农业观光园、农业科技园成为新的吸引物,乡村旅游的空间范围进一步扩大,除原有的城郊型和景郊型"农家乐"外,在远郊出现以休闲度假为主要职能的"度假村",位于大都市区旁的乡村地区也开始出现环城休闲休憩带的旅游形态。经营主体仍以个体老板和村级小集体为主。

游客出游动机以观光、体验农业劳动和乡村生活为主,旅游功能有所提升。乡村旅游活动仍以观光游览为主,游览活动较前一阶段更丰富,并出现"多日游",而游客采摘等简易的体验类乡村旅游产品逐渐被引入并成为此阶段的代表。此外,开始具备科普教育功能。这种经营方式在京津冀、长三角和珠三角地区表现更为明显,并成为大众化、区域化的休闲活动。这一阶段,乡村旅游的理论研究也获得了相当大的发展,乡村旅游也开始注重科学规划。

在此阶段,政府制定了明确有力的扶持政策,积极举办各种形式的乡村节庆活动,起到较强驱动作用,并为乡村旅游的蓬勃发展奠定了坚实的基础。1998年,国家旅游局确定当年的旅游主题为"华夏城乡游";2001年,国家旅游局把推进工业旅游、农业旅游列为当年旅游工作要点,标志着以农业旅游为形式的乡村旅游活动开始在全国范围内展开。

自2004年以来,国家开始将解决"三农"问题作为发展社会经济的主要任务,旅游业的发展也融入其中,乡村旅游逐渐发展成为大众化旅游活动。这一时期的乡村旅游经济开始进入快速发展阶段,乡村旅游产品逐渐丰富,成都的农家乐模式、贵州的村寨模式、云南的旅游特色小城镇模式,以及北京、上海等大城市周边的现代农业观光园都受到了普遍关注,一些地区开始依据地方特色模仿发展乡村旅游,以促进社会主义新农村建设,协调城乡关系。此时的乡村旅游市场开始扩大,旅游者的需求层次也开始提高,对于旅游产品功能不再满足于单一的观光游览,相应一些具有体验性、参与性的乡村旅游活动发展迅速,如采摘游、农家乐、渔家乐等旅游产品较受欢迎。

(三)提高阶段

2005年,国家旅游局将2006年定为"乡村旅游年";"十一五"规划将社会主义新农村建设列为重要内容,这标志着乡村旅游进入一个新的高速发展时期。这一时期,各种不同类型、主题与个性的乡村旅游目的地出现;企业开始介入乡村旅游的发展,开始出现较大规模的农场,或者综合利用农村环境资源,结合农、林、牧、渔等资源,提供多样化的服务,包括住宿、餐饮等,经营主体的经济实力较前两个阶段大为增强;农家旅馆在我国经济发达地区悄然兴起,并成为乡村度假的重要载体。乡村旅游实现了从观光到度假旅游方式的升级,并成为我国广大农村发展第三产业的一条重要途径;各种民俗活动的开发、民间庙会等乡村节庆活动的提倡、地方文化历史的挖掘、乡村空间和景观的美化及营造等具有地方特色的乡村旅游产品开始涌现,乡村旅游与生态旅游、文化旅游等旅游类型相融合，文化层次更高，体验性得到更大凸显。

首先，旅游者的消费意识开始发生转变。对于某一群体的旅游者，乡村旅游活动已成为一种经常性的休闲活动，以满足他们的休闲需求，乡村旅游有大众化发展趋势。

其次，是旅游者对于乡村旅游环境，乡村旅游服务以及乡村旅游产品的要求在提升，"乡村性"体验和传统文化教育成为主要的旅游动机；各类型非政府组织——乡村旅游协会出现，并逐渐取代政府而成为推动乡村旅游、对行业内部进行自律的主导力量，政府则主要负责宏观政策与法律的制定和行业的监管，乡村旅游经营开始关注乡村旅游科学规划，进行分类指导，加强乡村旅游从业人员培训，以提高旅游服务水平，理论界对于乡村旅游的研究也开始向纵深发展，乡村的综合规划和发展、乡村环境改善、乡村旅游的社区参与、乡村文化、乡村产业、文化、环境与乡村旅游的关系、观光农业、乡村旅游可持续发展等问题开始提出。

最后，游客休闲旅游需求的多元发展促使乡村旅游产品功能的提升，乡村旅游市场进一步专门化细分，在原有观光游览的基础功能上出现了具有体育健身、疗养保健、科普教育、文化体验等多种功能类型的旅游产品。

2006年和2007年，国家旅游局分别把旅游年主题定义为"中国乡村游"和"和谐城乡游"，将旅游发展的重点直指农村，全国涌现出一大批具有乡土特色和时代特点的乡村旅游地，"吃农家饭、住农家屋、学农家活、享农家乐"成为时尚，乡村旅游深受广大城乡群众的喜爱和欢迎。

总之，乡村旅游发展的主要趋势是由单纯观光游览发展到与生态旅游、传统文化旅游等其他新兴旅游形式相结合。体验、参与、文化教育的动机在游客出游动机中越来越重要。政府的角色也在其间发生了较大的转换，由前台直接推动和倡导变为后台监管。

目前，国内乡村旅游产品主要表现为乡村观光和务农参与两大主要类型，对乡村文化传统和民风民俗资源开发重视不够；乡村旅游过分依赖农业资源，缺乏一定的文化内涵，地域特色文化不突出；无论乡村观光还是农事参与，在产品规划、建设、包装、宣传上都很单一，缺乏相应的旅游服务质量标准和统一的规范，使得乡村旅游产品档次整体偏低。

第二节　我国乡村旅游发展模式

魏小安（1998）总结我国乡村旅游形成的五种模式：一是大城市近郊的"农家乐"；二是高科技农业观光园；三是农业新村，特点是经济发达、乡村城镇化，在发展中有意识地使本村成为有特色的目的地；四是古村落的开发；五是农业的绝景和胜景。受区位、依托资源及开发主体、消费趋势等多方面相互作用、相互关联因素的影响，我国的乡村旅游已形成了类型多样、特色各异的发展类型。

一、按功能和适宜产品的主题模式划分

不同开发主体、不同资源类型，其开发模式也不尽相同（郭焕成、韩非，2010）。按功能和适宜产品角度将中国乡村旅游发展归结为七种模式。

1. 田园农业模式

田园农业模式是以农村田园景观、农业生产活动和特色农产品为休闲吸引物，开发农业游、林果游、花卉游、渔业游、牧业游等不同特色的主题休闲活动，以满足游客体验农业、回归自然的心理需求。其主要类型有田园农业游、园林观光游、农业科技游、务农体验等。

2. 民俗风情模式

民俗风情模式是以农村风土人情、民俗文化为休闲吸引物，充分突出农耕文化、乡土文化和民俗文化特色，开发农耕展示、民间技艺、时令民俗、节日庆典、民间歌舞等休闲活动，增加农业休闲的文化内涵。其主要类型有：农耕文化游、民俗文化游、乡土文化游及民族文化游。

3. 农家乐模式

农家乐是指农民利用自家庭院、自己生产的农产品及周围的田园风光、自然景点，吸引游客前来吃、住、玩、游、娱、购等休闲活动。其主要类型有：农业观光型农家乐、民俗文化型农家乐、民居型农家乐、休闲娱乐型农家乐、食宿接待型农家乐及健身养生型农家乐等。

4. 村落乡镇旅游模式

村落乡镇旅游是指以古村镇宅院建筑和新农村格局为休闲吸引物，开发观光休闲。其主要类型有：古民居和古宅院游、民族村寨游、古镇建筑游及新村风貌游。

5. 休闲度假模式

休闲度假是依托自然优美的乡野风景、舒适宜人的清闲气候等，结合周围的田园景观和民俗文化，兴建一些休闲、娱乐设施，为游客提供休憩、度假、娱乐、餐饮、健身等服务。其主要类型有：休闲度假村、休闲农庄、乡村酒店、市民农园等。

6. 科普教育模式

科普教育模式是指利用农业观光园、农业科技生态园、农业产品展览馆、农业博览园或博物馆、农业主题公园等，为游客提供了解农业历史、学习农业技术、增长农业知识的旅游活动。其主要类型有：农业科技教育基地、观光休闲教育农业园、少儿农业教育基地、农业博览园等。

7. 回归田园自然模式

利用农村优美的自然景观、奇异的山水、绿色森林、静荡的湖水，发展观山、赏景、登山、森林浴、滑雪、滑水等旅游活动，让游客感受大自然、回归大自然。其主要类型有：森林公园、湿地公园、水上公园、自驾车营地、露宿营地、自然保护区等。

二、按旅游产品项目形态划分

王云才将乡村旅游区分为以下七个类型。

1. 主题农园

形成教育农园、市民农园、租赁农园等多种形态，承载农旅结合的农事参与、自然教育和 DIY 创意空间等功能。

2. 传承地方性遗产

承载传统产品与传统工艺、传统生活与生产方式、非物质文化遗产展演和文化景观重现功能。

3. 乡村民俗体验与主题文化村落

承载古村落、新文化村落、新经济村落等不同阶段乡村整体人文生态系统的物化与意化的统一过程的认知和体验功能。

4. 乡村旅游基地化

不仅是乡村旅游的高级会所和信息中心，而且是乡村旅游的中介机构；不仅向乡村旅游者提供全方位的乡村旅游服务，而且提供一种乡村旅游全过程的全程服务，旅游者可以在不同地方、不同乡村俱乐部享受到一体化服务，并通过订购乡村旅游线路，向自驾车旅游群体提供自助式全程服务。

5. 现代商务度假与企业庄园模式

承载企业董事会议、商务谈判、员工奖励度假和旅游景观房产等功能。

6. 农业产业化与产业庄园发展

集生产、研发、销售、交流、教育和旅游为一体的现代化农庄，比较成熟的有葡萄酒庄园、香料庄园、草莓庄园和西瓜庄园等，产业庄园既要体现产业化生产特点，又要满足服务性企业的需要。

7. 区域景观整体与乡村意境梦幻体验

这是区域尺度下通道式动态旅游类型。乡村景观意境可划分为乡村文化意境、水乡意境、自然意境、林海意境、农田耕作意境、牧区乡村意境、民族村寨意境、都市乡村意境八大类型。

三、按区位条件划分

就乡村旅游的区位条件来看，可以分为以下四种类型。

1. 都市郊区

目前，中国比较普遍、比较成熟、市场潜力较大、效益较好的一种类型，主要是充分利用都市郊区相对城区良好的自然生态环境和独特的人文环境、地缘区位优势和便利的交通条件而发展起来的。这种乡村旅游的目标市场是城市，基本定位是为城市居民提供观光、休闲、游憩的"后花园"，是城市人休闲度假的好去处。

2. 景区边缘区

主要依托各地著名的风景名胜旅游区发展起来的。这种景区周边的乡村旅游是风景区观光旅游的伴生物，是旅游者对自然风景观光之余，对周围村庄和田园风光、民俗文化、农家生活的观光游赏。

3. 特色村寨

特色村寨是乡村建设和发展的历史缩影，也是传统文化的凝固和遗迹。这种类型的乡村旅游和民俗旅游交织在一起，具有浓厚的乡村文化和村落建筑特色。

4. 特色农业基地

特色农业基地是指利用当地特色的农业产品和农业技术，开展观光、品尝、购买、休闲、度假等旅游活动。

与区位相近的区别类型是从空间特征和地理分布模式进行划分。王云才从空间特征上将乡村旅游发展模式分为城郊型、景郊型、村寨型三大类型。城郊型主要依托大、中城市，由观光农业、农家乐、民族村寨构成，是环城游憩带的重要组成，我国乡村旅游区位经济模式的主要体现；景郊型主要是依托大型景区在市场上的知名度，开始展示特色，以景区游客为主要的目标市场，开发中较多地保存着乡村的原生状态；村寨型主要是依托特色村寨及其群落的乡村来开展旅游。随着国际乡村旅游市场的发展，国内旅游者开始"返璞归真，回归自然"，置身于优美的田园风光和秀丽山水间的村寨结合了传统的文化旅游活动与村寨田园风光，具有率先发展成为相对独立的乡村旅游胜地的优势。

按地理分布来看，我国乡村旅游发展存在着都市郊区型、景区边缘型、边远地区型三种模式（林刚、石培基，2006）。都市郊区型，又称城郊型，主要依托庞大的都市休闲度假旅游市场，以"农家乐"为基本形式，以"吃农家饭、品农家菜、住农家院、干农家活、娱农家乐、购农家品"等为主要内容，在都市郊区为游客提供乡村体验和回归自然的空间；景区边缘型是依托著名景区相对集中的客源市场在景区周边地区发展起来的乡村旅游，起着丰富景区旅游活动内容、完善景区旅游服务功能和分流旅游客流的作用；边远地区型则是依托原始而秀美的自然环境、传统的农耕文明、自然与历史遗存相结合的农业和农村景观及淳朴厚重的民族风情发展起来的乡村旅游，其特点是容易形成相对集中、且规模较大的乡村旅游地，旅游活动的目的性较强。

四、按空间结构划分

从乡村旅游空间结构及规模来看，我国乡村旅游存在着点状发展模式、块状发展模式、串珠状发展模式、带状发展模式、团簇状发展模式和片状发展模式六种（杨容来，

2009）。

（1）点状发展模式。以农家庭院自主经营的"农家乐"为主要形式，在空间上表现为独楼、独院式的农舍旅馆或餐饮娱乐场所，如城郊农民开办的家庭式"农家乐"。

（2）块状发展模式。依托于一定面积的农场、果园、牧场、绿地、塘堰等开办的旅游接待场所，是接待设施和乡村景观在一定地域上的集中组合。

（3）团簇状发展模式。科学规划，公司运作，整体开发，在特定乡村空间上形成服务设施集中、且具有一定规模的乡村旅游地。

五、按开发投资主体划分

从乡村旅游开发投资经营主体来看，我国乡村旅游存在着"农户＋农户""公司＋农户""公司＋社区＋农户""政府＋公司＋农户""政府＋公司＋农村旅游协会＋旅行社"、公司制、股份制和个体农庄八种模式（白四座，2006）。

1. "农户＋农户"模式

这一模式是指农户带动农户，农户与农户自由合作、共同参与乡村旅游的开发与经营，是乡村旅游初期阶段的经营模式，如城郊私人个体户利用自家鱼塘或农田建造的一些农家乐项目，可供少量人员垂钓、餐饮。而在远离市场的乡村，农民对企业介入乡村旅游开发普遍有一定的顾虑，他们更相信那些"示范户"。在这些山村里，通常是"开拓户"首先开发乡村旅游获得了成功，在他们的示范带动下，农户们纷纷加入旅游接待的行列，并从中学习经验和技术，在短暂的磨合下，形成"农户＋农户"的乡村旅游开发模式。这种模式通常投入较少，接待量有限，但乡村文化保留得最真实，游客花费少还能体验到最真实的本地习俗和文化。但受管理水平和资金投入的影响，通常旅游的带动效应有限。在当前乡村旅游竞争加剧的情况下，这种模式具有短平快优势。他们善于学习别人经验，吸取别人教训，因其势单力薄、规模有限，往往注重揣摩、迎合游客心理，极具个性化服务。

2. "公司＋农户"模式

这一模式是外来投资公司开发、经营与管理，同时吸纳当地农户参与，公司直接与农户联系与合作。此种模式在开发乡村旅游资源时，充分利用农户闲置的资产、富余的劳动力、丰富的农事活动来丰富旅游活动。同时，通过引进旅游公司的管理，对农户的接待服务进行规范，避免因不良竞争而损害游客的利益。这一模式中有些需要注意的问题。首先，公司或投资商与农户的合作是建立在一定经济基础上的，受投资商实力的影响较大；其次，农户的知识层次、素质、服务意识等有待进一步提高；最后，在内部经营管理中，如何进行游客的分流与分配，是能否顺利实施的关键之一。

3. "公司＋社区＋农户"模式

这一模式是"公司＋农户"模式的延伸。社区（如村委会）搭起桥梁，公司先与当地社区合作，再通过社区组织农户参与乡村旅游。公司一般不与农户直接合作，所接触的是社区，但农户接待服务、参与旅游开发则要经过公司的专业培训，并制定相关的规定，以规范农户的行为，保证接待服务水平，保障公司、农户和游客的利益。此模式通过社区连接，便于公司与农户协调、沟通，利于克服公司与农户因利益分配产生的矛盾。同时，社区还可对公司起到一定的监督作用，以保证乡村旅游正规、有序发展。

4. 公司制模式

这一模式的特点是发展进入快、起点层次高、开发有规模，如果思路对头、经营科学，容易使乡村旅游开发迅速走上有序发展的道路。公司制模式比较适合乡村旅游初期阶段，随着农民的关注与参与，这种模式将难以适应乡村旅游发展的趋势。农民作为乡村旅游参与主体，其积极性是不容忽视的，而采用公司制模式，农民很难从旅游收入中获得应有的利益，收益仅是靠提升农产品附加值获得。

乡村旅游生财之源是公共资源，应是农民共同的公共资源，但在使用这种公共资源中最大的受益者是旅游公司，当地农民很难得到相应利益，并且要承担旅游开发所带来的各种负面影响。这种资源与利益的严重失衡，极易引起农民的不满。

5. 股份制模式

这种模式主要是通过采取合作形式合理开发旅游资源，按照各自的股份获得相应的收益。根据旅游资源的产权，可以界定为国家产权、乡村集体产权、村民小组产权和农户个人产权四种产权主体，在开发上可采取国家、集体和农户个体合作的方式进行，这样把旅游资源、特殊技术、劳动量转化成股本。收效一般按股份分红与按劳分红相结合。

这种模式有利于乡村旅游上规模、上档次。特别是通过股份形式，扩大了乡村集体和农民的经营份额，有利于实现农民参与的深层次转变，从而引导居民自觉参与到他们赖以生存的生态资源的保护中去。

6. "政府 + 公司 + 农村旅游协会 + 旅行社" 模式

这一模式的特点是充分发挥旅游产业链中各环节的优势，通过合理分享利益，避免了过度商业化，保护了本土文化，增强了当地居民的自豪感，为旅游可持续发展奠定基础。此模式各级职责分明，有利于激发各自潜能，形成 "一盘棋" 思想。

7. "政府 + 公司 + 农户" 模式

这一模式实质是政府引导下的 "企业 + 农户"：就是在乡村旅游开发中，由县、乡各级政府和旅游主管部门按市场需求和全县旅游总体规划，确定开发地点、内容和时间，发动村民动手实施开发，开发过程中政府和旅游部门进行必要的指导和引导。由当地村民或村民与外来投资者一起承建乡村旅游开发有限责任公司，旅游经营管理按企业运作，利润由村民和外来投资者按一定比例分成。除此以外，村民们还可以通过为游客提供住宿、餐饮等服务而获取收益。

这个模式一是减少了政府对旅游开发的投入；二是使当地居民真正得到实惠；三是减少了旅游管理部门的管理难度，是一种切实可行的乡村旅游经营模式。

8. 个体农庄模式

个体农庄模式是以规模农业个体户发展起来的，以"旅游个体户"的形式出现，通过对自己经营的农牧果场进行改造和旅游项目建设，使之成为一个完整意义的旅游景区，能完成旅游接待和服务工作。通过个体农庄的发展，吸纳附近闲散的劳动力，通过手工艺、表演、服务、生产等形式加入服务业中，形成以点带面的发展模式。

六、按成长过程、成因划分

（1）客源地依托模式。又称毗邻客源模式，其特点是借助于紧邻城市的区位优势开发的城市居民旅游。其资源优势主要是自然环境，其产品要素是兼有观光、休闲，以"农家乐""渔家乐""山里人家"等为代表。

（2）目的地依托模式。或者称毗邻资源模式，主要是借助于原有名胜地的吸引力优势开发的多样客源的城乡居民旅游。其资源优势是自然环境兼原有名胜，其产品要素是兼休闲观光。

（3）非典型模式。此种模式虽然地理位置在乡村，但是产品组合中却混合着许多不属于乡村，或者与乡村关系并不明显的产品组成。其资源优势是在自然环境中的现代创新，其产品要素主要是休闲。

（4）复合模式。即上面多种模式的不同比例的混合组成。

从乡村旅游的发展阶段来看，我国乡村旅游发展存在自发式、自主式及开发式三种模式（蒙睿、李红等，2006）。自发式、自主式和开发式三种模式大致对应了乡村旅游发展的三个时期，即自发期、成长期和成熟期。

邹统钎等从乡村旅游发展的成因，将我国乡村旅游总结为两种类型：都市依托型和景区依托型（见表3-1）。

表 3-1　都市依托和景区依托类型特征比较

类型	特征因子	
	都市依托型	景区依托型（包括村寨）
总体特征	以农村、农园为主要特色，自然性、科技性突出	以民俗民族文化或景观资源为依托，强调乡村文化品位
功能	作为城市居民的第二个家，从吃、住、游等方面满足游客周末休闲度假的需求	大型景区的辅助旅游产品，以民俗风味、农业特色鲜明的旅游项目和餐饮及娱乐活动为主
开发条件	依托大都市，交通便利，乡村植被景观保存较好，与城市反差较大	拥有独特的景观资源或者浓郁的乡村或民族特色

类型	特征因子	
	都市依托型	景区依托型（包括村寨）
客源市场	具有稳定的城区客源市场，客源的回头率较高，停留时间长	主要是景区的一次性客源，范围较广，停留时间短
典型案例	四川农家乐、北京民俗村	贵州天龙屯、桂林的龙胜梯田

七、按驱动机制划分

张树民等从乡村旅游系统驱动机制角度提出了乡村旅游的五种发展模式，即需求拉动型模式、供给推动型模式、中介影响型模式、支持作用型模式、混合驱动型模式。

1. 需求拉动型模式

这种模式能够使乡村旅游模式在国民经济中起主要作用，使乡村旅游行业在市场经济中占有主要地位。在需求拉动型模式中，主要靠旅游消费主导。需求拉动型模式主要依靠游客的休闲时间，这种模式主要让游客感受田园风光，在生活方式上让游客体验到和其他旅游模式不一样的地方。

2. 供给推动型模式

这种模式是通过供给成为乡村旅游模式的主导作用。在乡村旅游结构中起主导作用。在乡村旅游结构中，农村若想率先发展就必须销售具有乡村特色的产品，在这时供给推动模式产生了作用，通过推出不同特色的乡村产品来让人们购买从而带来经济效益。乡村主要推出的是最具有代表性的乡村特色的产品，这样的产品能够吸引人的眼球，促使人们进行购买。在这种模式的影响下乡村产品迅速卖出，这种模式带给市场经济良好的影响，可见这种模式有一定的借鉴作用，这种模式主要有以下两方面影响：其一，为旅游地点提供了充足的物质资源，提供了物质保障；其二，政府要求乡村旅游要逐渐成长起来，为此政府制定相关政策来帮助其发展，政府在发展乡村旅游行业的同时，也要注意村集体的发展；其三，政府要将乡村旅游行业与其他行业相互融合，将乡村旅游行业推向世界舞台。

3. 中介影响模式

这种模式是通过中介作用成为乡村旅游行业的主导地位。在旅游行业中，特别是在乡村旅游行业中，中介起到了非常重要的作用，游客通过中介了解乡村的特色产品，也通过中介买卖产品。近些年来，中介影响模式已经成为时下最流行的旅游行业中的模式。

4. 支持作用型模式

在支持作用系统中存在支持子系统，子系统在乡村旅游中起主导作用。这种模式存在的地区多为中国西部欠发达地区。在乡村旅游模式，支持作用模式作用其中，使其长期稳定发展。

5. 混合驱动型模式

这种混合型模式是将以上几种模式结合在一起形成的新的模式，这种模式的特点是适用于各地区的乡村旅游，这种模式在分析了各地区乡村旅游模式后能够合理地总结出该旅游模式的特点，进而选择何种系统来支持其发展，或者混合型模式将乡村旅游模式融合，以发挥其更大的效应。

第三节　国内乡村旅游发展实践

一、成都"五朵金花"集聚发展模式

1. 特色

四川成都是国际化发展的大都市，其发展乡村旅游模式的经验也是借鉴其他国家，在国内，成都的乡村旅游发展模式逐渐形成了以政府干预的发展模式，继而政府联合部门、市场、基地和企业等共同发展成都的乡村旅游。

2. 典型

在成都，富有"五朵金花"之称的三圣乡是中国最先发展起来的地区。本地区为了发展乡村旅游，特别制定了以乡村旅游为主题的"花乡农居""江家菜地"等，这些特色旅游吸引了来自外地游客的目光，游客慕名而来，均对本地风光无限羡慕。以这些项目为主题的项目旅游在成都地区十分著名，也为当地带来不少收益。

3. 建设方式

成都在建设上有五种方式：其一，"农户出资、政府补贴"。农户自行对自家设施进行改变及改造，政府补贴一部分资金；其二，基础设施城市化。政府出资对乡村设施进行改造，改造的部分包括污水处理、天然气、完善交通设施等，完善后的乡村趋于城市化；其三，配套设施现代化。政府出资完善乡村通信设施，让家家都能拥有现代化的互联网，每一个村落都有便民服务中心，方便人民生活；其四，景观打造生态化。政府出资建设乡村湿地，建设生态化的新农村，改造人文景观，改造自然景观；其五，农民的土地要扩大经营，政府出资扩大农民土地规模。

4. 发展方式

成都在发展乡村旅游时有四种方式：其一，利用现有的农村文化。成都的幸福梅林文化是当地著名的文化，利用这一文化来吸引游客目光，政府也要出资改造幸福梅林。成都的江家菜地是原生态的自然风光，政府也要格外重视，将这两种传统的成都文化与现代的乡村旅游文化充分结合，给游客一次不一样的旅行；其二，利用旅游产业来让农民富起来。

政府应该支持农民自行打造生态旅游地区，让自然风光变成旅游风光，农户应该丰富自己的视野，吸取传统文化精华，推出新的旅游模式。关于这一点，农户可以自行经营，或者与他人联手经营；其三，政府应当出资重建乡村基础设施，推出多种旅游模式，鼓励农户自行与他人联合经营，政府可在资金上进行扶持，开发新产品；其四，利用农村现有的品牌创造出品牌效应。

5. 政府主导

为了扶持成都发展乡村旅游行业，政府出台一系列相关政策，包括免收税费等。统一收费标准，对于自主经营的农户予以资金上的支持，要求农户自行经营的酒店要五星级标准、五星级管理，打造品牌，以促进成都乡村旅游发展。

6. 各参与模式

参与模式应以政府为主，采用政府干预的模式，各部门联合，鼓励社会大众进行参与、调动市场经济，鼓励企业有序经营。

7. 出资方式

自主经营的农户出资 40%，政府再进行补贴，补贴标准为 60%。

8. 村民获益方式

村民在利益方面可以获得从自行经营的旅游模式中的薪金、租房的租金、与他人联合经营的股金、政府给予的低保金和养老金这四金。

在成都开展的乡村旅游模式中，还可以增加一些新的旅游项目，在住宿、餐饮和乡村基础设施方面还有待改善。"农家乐"旅游项目还可以增加一些多元文化，使这一项目变得更加有意义。

在成都开展的乡村旅游模式中，"农家乐"模式是最具有代表性意义的。与其他一线城市，如北京相比，成都的"农家乐"采用了与大城市接轨的模式，利用现代化的技术使这一模式开展得格外顺利，从这一角度上来看，乡村产品不仅得到了升级，而且被赋予了传统的文化。

二、贵州"文化保护与传承"村寨游

贵州省是国家贫瘠地区，山区较多，贵州发展乡村旅游模式主要是依靠特色山区，贵州的山寨文化举世闻名。这一类型的乡村主要靠销售特色的山寨产品来获得经济利益。在贵州开展的乡村旅游模式中，最开始有大批研究学者和文化探究者前来观光。国际化市场经济的瞬间改变、国内游客观光角度的改变，使贵州地区不得不改变过去传统的旅游模式，贵州政府决定重资打造贵州地区的产品类型，贵州主要依靠景区来吸引游客目光，贵州的乡村旅游模式结合了山寨特色，还结合了传统的贵州文化，使前来旅游的人耳目一新。

1. 西江千户苗寨模式：在文化保护与传承中受益

在贵州有一个著名地区西江，西江是贵州省的风景区、西江风景名胜数不胜数，是中国的历史文化名城，也是中国民间的艺术栖息地。西江依托著名的风景和高贵的艺术还在2008年10月26日获得举办旅游发展大会的机会，在这次会议上，西江的文化艺术气息、风景名胜得到了展示，吸引了不少游客的目光。

（1）投融资模式。西江是国家重点名胜风景区，获得了人民群众的由衷热爱。由于西江的资金状况与贵州其他地区有所不同，为了发展本地区旅游行业，因此西江要从银行贷款或者通过融资的模式进行基础设施建设。西江也依托强有力的地理位置来吸引外商投资。除了银行的小额贷款，外商的投资、融资也对西江地区开展乡村旅游模式格外重要。

（2）各方参与模式：西江地区开展乡村旅游模式利用政府的干预、政府和各方联合的模式，主要有参与方有景区管理局、景区企业、农户、外商投资等，多方参与的模式使得西江地区的旅游风景更加夺目。在多方参与的模式中，景区管理局起到了重要的作用，景区管理局主要负责西江的基础设施建设工作，如对道路、河堤、房屋等进行改造；在景区公司管理范围中，主要针对歌舞表演工作的，农户经营方面主要针对餐饮、住宿方面的；在外商方面，主要负责投资及融资。多方的参与让西江景区发展脚步逐渐加快。

（3）文化保护与传承者的受益。为了创造更多经济效益，贵州政府决定将西江作为重点景区，对前来西江景区观光的游客要收取费用，以门票制度实行，这一决定是在2009年4月开始执行的，政府决定将西江景区近一半的收入用于《文化保护评级办法》的条例中，评定西江地区的部分包括房屋面积、服装等，用来增加农民收入。以这种形式来增加农民收益，农民也可以不用加入乡村旅游的模式中来就可以获得巨大的利润，于贵州政府而言，确实解决了农民收入少的问题。

贵州西江自古以来就是中国名胜保护区。它不但传承了中国的传统文化，又有悠久的山寨文化，山寨文化极具特色，贵州始终要依靠苗族特色来发展乡村旅游行业，贵州政府也要与时俱进为发展贵州乡村旅游业做出应有的贡献。

2. 巴拉河模式：人人参与家家受益

乡村旅游模式在贵州地区呈现人人参与家家受益的趋势，具体表现为"社区农民组织＋农户"。农户可以自行组织，自主经营，对于巴拉河模式这样阐述道。贵州的乡村旅游模式起初来源于20世纪80年代在雷山县郎德上寨。这个地区依靠苗族的民族特色，一切的旅游项目均由该山寨举办，寨中村民分工从整体到局部，再到个人分配，管理人员的头目皆村民进行选拔，要求管理工作能力突出，有较好的沟通能力、人际交往能力。管理负责整个旅游小组的工作，包括人员的分配等。

贵州山寨尽管现代化技术落后、管理十分单一，但是能够保证人人都有份参与，人人都有钱赚，实现了真正的民族大团结。这种人人都能参与的组织机构在全国上下掀起了浪潮。中国政府极力推荐这种人人参与的模式。

与郎德上寨相媲美的，还有贵州地区的三棵树镇季刀上寨，这个地区也具有民族特色，是贵州地区的乡村旅游模式的发源地之一。这个地区通过政府不断地兴修水利、设施，完善通信网络，融入先进观念，逐渐形成了以"协会＋农户"为主的模式，这种模式通过协会和农户的联合，极大地促进了本地区旅游业的发展，创造了收益。本地区遵循人人都能参与的原则，将每人都按照能力进行分工，在这种模式下设置了很多项目组，如情歌组、刺绣组等，这些小组担任着贵州地区的旅游行业，关系着旅游行业是否能够顺利成长，可持续发展。这个平台的搭建丰富了村寨人的视野，使每个人都有一份工作，增加居民收入，是目前我国乡村旅游行业最崇尚的模式之一。

在这种模式的影响下，贵州郎德上寨地区呈现了团结一致、共同为贵州地区乡村旅游发展做准备的局面，实现了民族大团结。

3. 天龙屯堡模式："政府＋公司＋农村旅游协会＋旅行社"模式

继贵州地区实行"巴拉河"模式后，贵州各地区纷纷效仿，希望通过这种模式改善乡村经济，进而提高农民收入。在贵州地区的天龙堡地区实行了以本地区为主体的模式，被称作"天龙堡模式"。贵州地区的天龙堡地区依靠的是强大的历史资源和特殊的地理位置，天龙堡地区起步之初是由堡中的精英组织公司，公司采用股份制模式，每一个参与建设的股东进行投资。当地政府为了鼓励公司经营给予公司五十年的经营权。贵州政府还决定公司的重大决定让村民参与，这样就形成了"政府＋公司＋农村旅游协会＋旅行社"模式。以这种模式来经营的乡村旅游行业有着政府干预的特点，也在贵州地区产生了巨大反响。村民强烈反映这种模式能够创造巨大收益。随着天龙堡模式的向前发展，逐渐形成多种模式，主要有下面几种。

（1）多主体开发模式。天龙堡模式存在多方参与，主要是政府干预，但是在多方参与中，都是各司其职，分工明确。例如，在旅游规划和基础设施建设方面，主要由政府进行筹划。政府参与建设乡村基础设施；在旅游公司方面，根据政府的指示完成公司的初步规划和营销推广等工作；在农村旅游协会方面，组织农民参加由旅游公司或者当地组织的集体活动，如表演、手工艺品制作等，农村旅游协会适当增加活动能够促进农民热爱旅游项目，能够自行组织或者参加活动；在居民方面，应该协调配合各方面工作，主要负责开发旅游项目和旅游市场，维护本村旅游市场经济的平衡。

（2）收益分配。由政府鼓励支持，投资方进行投资，农民自主经营的旅游公司，政府不给予亏损时的补贴，农民应自负盈亏，旅游公司为了保证农民的利益应在受益上制定相关政策，公司也应适当为居民购买保险，如在医疗、养老方面，旅游公司应定期将收入的利润以基金的形式投入农村旅游协会中。

在这一模式中，体现了乡村旅游模式的优点，旅游产业需要通过各个环节来实现其最大作用。旅游的目的不仅是为了使人们在旅程中获得良好的心情，减轻工作上的压力，也是一种精神享受，旅途中也能够让人们感受到文化带来的力量，这一模式能够保护本土文化不受商业侵蚀，成为原生态文化。以贵州地区天龙镇为例，天龙镇开展乡村旅游文化总资产已经达到 1370 多万元。其中包括注资农村旅游协会的资金，参与这一模式的政府部门收益 113 万元，公司的门票收入多达 410 万元，旅行社为公司创造收益 786 万元，天龙镇的模式为广大乡村农民创造了很多的就业机会，在创造巨大经济利益的同时，也是真正地为人民做好事。

三、乡村旅游"北京模式"

1. 产品模式：区域特色鲜明，文化创意国际化

改革开放后期，国家提倡发展旅游行业，特别是在经济发达的一线城市中，旅游行业要以文化特色为主，宣传、弘扬我国传统文化精华，因此我国在北京设立试验点，要求北京市要根据国家政府指示发展乡村旅游行业，北京旅游行业要从产品特色上做起，北京旅游特色产品是中国政府承认及规划的，主要从两个方面进行区别：其一，在文化创意方面，北京旅游行业注重文化特色，是在文化创意上下功夫，同时政府要求北京旅游行业在产品特色上增加内涵，让游客感受到旅行的含义，让游客感受中华传统文化的力量；其二，国际性，北京旅游行业也接待来自全世界及海外的游客，北京旅游公司通过为外来游客讲解中国文化，使他们能够加入中国旅游行业中来，吸引他们投资，为北京旅游行业提供国际资金。

（1）环城市旅游产品体系：北京旅游行业通过多年来经验的总结形成了崭新的产品体系，北京市旅游行业形成的产品体系中包括观光旅游产品、民俗旅游村、休闲度假村、观光农业示范园等，这些新兴的产品共同形成了北京市旅游行业新型产品体系，具有类型丰富、布局合理的特点。

（2）新型业态旅游产品。在北京新兴的旅游行业中，北京市为了增加旅游业的经济效益，推出了不同类型的旅游项目，包括乡村酒店、国际驿站、生态渔村、山水人家、民族风情园等，这些不同类型的旅游项目使游客能够在工作之余得到充分的休息，也为北京市的市场经济做出了突出的贡献。

2. 营销模式：政府机关、社区营销

北京为了支持当地旅游行业的向前发展，鼓励北京当地旅游公司要创新思想，推出新措施，组织营销活动，要求活动项目要丰富多彩，吸引游客目光。

（1）城乡社区：互动营销。政府鼓励北京当地的旅游局推出新活动吸引游客目光，政府鼓励将北京附近的乡村特色产品与当地旅游项目相结合，将乡村旅游产品送到街道社区，让乡村产品结合城市化风采，让城市居民感受到来自乡村产品的魅力，这样的做法能够开拓北京市旅游局的经营局面，让乡村特色产品登上大雅之堂，实现城乡居民互通的良好局面。北京为了方便游客旅行，特意在北京市的公交路线中增加旅游专线，专供接送游客，游客可以更方便地体验乡村田园乐趣。

（2）目的地主题社区：品牌营销。在中国众多的旅游行业类型中，以乡村旅游行业独占鳌头。因此中国政府决心要打造属于中国的乡村旅游品牌，进行品牌营销。随着品牌营销模式的推广，北京市旅游局在经济效益上取得了优异的成果。主要体现在北京市旅游局和北京市农村工作委员会及北京市电视台的合作。为了扩大经营，增加收益，北京市旅游局与北京市事业单位联合推出了"寻找，美丽乡村"评选活动、项目，取得名次的北京乡村可以晋级加入市场经济的竞争中来，与此同时，获得"京郊最美丽乡村"的乡村就有50 多个，这些乡村具有中国传统文化特色，传承着中华文化精髓，为北京市旅游行业做出了巨大的努力。

3. 投资模式：政府部门联动，社会助推融资

（1）政府部门联动，完善基础设施。中国发展特色乡村旅游行业需要资金的支持，因此中国政府决定将鼓励社会融资，共同推动乡村旅游行业向前发展。其主要措施有出资建设和完善乡村基础设施，包括房屋、水利和自然景观的建设，同时完善乡村通信网络。北京政府鼓励交通委员会、农村工作委员会、科学技术委员会、文化工作委员会、园林绿化局、林业局等共同参与建设工作。在兴修水利和建设自然景观方面，政府要加强工作，同时在完善乡村通信设施方面，政府要重点支持。

（2）社会资本助推，融资模式创新。为了加大工作力度，一方面政府出资对于乡村的特色产业、基础设施等进行建设；另一方面政府吸引社会资金进行投资建设。两方面资金对于建设乡村基础设施，以及开展乡村旅游行业是十分有利的。

第四节　我国乡村旅游的基本特征

一、旅游景观类型的多样性

开展乡村旅游行业不仅能使我国 GDP 快速增长，同时也能使人们开阔视野，增长文化，对于宣传中国传统文化精髓是十分有利的。乡村旅游行业由自然景观和人文景观构成，这两种景观长期存在于乡村旅游中。

二、旅游产品的文化性

中国的乡村旅游行业是多年来从旅游行业中诞生出来的，在乡村旅游中包含旅游产品，旅游产品具有文化性，是中国传统文化的精髓。传统的乡村旅游是从农村的农耕文化、民俗节日、民间文艺、工艺美术等衍生出来的，具有时代性和遗传性。

三、游客体验的原真性

在中国的乡村旅游中，景观讲究自然、原始性，游客能够在参加乡村旅游中体会自然景观带来的乐趣，享受田园风光，使游客能够充分感受到乡村旅游模式的好处。

四、旅客消费水平的经济性

农民自主经营的旅游模式主要体现在"农家乐"，具体是吃在农家、住在农家、玩在农家。游客在这里享受淳朴的农村生活，因游客的所有消费均在农村，因此消费是十分合理且经济的。

农村旅游讲究本真，因此政府不需要大型兴修农村设施，要尽可能保证农村风光的纯真性，才能吸引更多的游客前来旅游。

五、旅游经营的低风险性

由于乡村旅游是在原有农业生产条件和资源基础上通过经营方式的调整，不破坏原有生产形态而使其多功能化、生态化的过程，因此其开发难度小，见效较快，风险较小。

第五节　我国乡村旅游发展存在的问题

国内乡村旅游自 20 世纪 80 年代后得到飞速发展，成为城镇居民节假日出游的重要选择。但是，乡村旅游在发展过程中也出现了不少问题。我国乡村旅游的发展普遍存在总量规模大，单体规模小、服务和管理水平参差不齐、产品开发程度低、同质化现象严重、可购买旅游商品少、缺乏特色、社区参与不够、利益分配不公、经济贡献小、信息网络不健全、在线服务有待加强等方面的问题（吴必虎、伍佳，2007）。尤其是在产品方面，不少乡村旅游的开发忽视了"乡村性"和"地方性"，乡村旅游资源的文化内涵深度挖掘不够，不能满足多层次游客尤其是青少年和儿童求知、求真、求趣的需要（马彦琳，2006）。

一、产品同质化和初级化问题严重

1. 同质化

各地推出的乡村旅游产品基本相似，主要包括"农家乐"、果园采摘、科技示范、田园观光、民俗体验、森林康体、湖泊休闲等。在一个较小的区域内，旅游产品的同质化趋势更为严重。除了历史积淀形成的地方特产和民间艺术之外，多数旅游产品都可以被轻易地复制或超越。当这些内容大致相同且季节性较为明显的乡村旅游产品面对同一市场，特别是出游习惯和时间较为一致的客源市场时，竞争就变得无可避免，并且较多地表现为恶性竞争，市场秩序和服务质量均受到一定影响。乡村旅游的区域特色越来越不明显，产品同质化现象日趋严重。

2. 初级化

很多地方的乡村旅游至今仍停留在观光农业、"农家乐"的初级层次上，只发挥了乡村餐馆的功能，给游客提供的只有棋牌麻将和农家餐饮服务，游客停留时间和消费内容受到限制，乡村特色资源没有得到充分挖掘，该类消费也容易被其他多种多样的餐饮形式有所替代。有些地方虽然开发了其他旅游项目，但多是村寨与田园观光、蔬菜与水果采摘、垂钓与登山运动等特色不突出、体验不深入、收益不明显的产品。

二、产业发展问题

1. 旅游产品开发的深度和广度不够，产业过于狭窄

重庆市乡村旅游产业结构还未形成完整系列，乡村各种资源未能充分有效地利用。目前，除农家乐发展较为成熟外，其他乡村旅游产业发展还有较大差距，仍不能满足游客多层次、多样化和高文化品位的旅游需求。乡村旅游产业发展缺乏创新设计，难以让游客感受和体验乡村旅游地的形象。乡村旅游与农业的紧密联系，使得乡村旅游具有带动农村第一、二、三产业发展的功能。但重庆市乡村旅游的发展目前在带动相关产业发展方面做得还不够，对农业经济的拉动作用还不是非常明显。

2. 旅游产业上下游合作不密，产业过于局限

乡村旅游产业是行业和地域两方面综合性极强的产业，要求和其他行业之间紧密地合作交流。与乡村旅游活动关联程度较弱的行业，本身不具有降低自身利益来配合旅游业发展的义务，暂时也没有获得利益补偿的可能，而客观上又影响了乡村旅游的发展，如运输业与旅游景点之间缺乏协调，给旅游活动的策划、组织和实施带来了一定阻力。但各地区在发展旅游产业的过程中，是以区域发展观为导向，偏重于旅游产业基地和旅游产业区的建设，而不是以产业链发展观为依据，相对忽视区域内及区域间旅游产业链之间的联系，使得乡村旅游产业发展明显滞后。

3. 旅游企业核心作用发挥空间不足，产业过于脆弱

旅游产业集群发展的重要条件就是由竞争力强的龙头企业引领，在产业发展中起到核心作用，来带动相关产业的发展。旅游企业作为乡村旅游投资者的核心，在旅游产业发展中应当有足够的空间供其发挥。政府应在政策上支持旅游企业在乡村旅游中发挥核心作用，从而带动乡村地区经济社会的发展。乡村旅游产业内的企业规模普遍较小、竞争力不强，甚至有很多还是家庭作坊式的经营，使得一部分乡村旅游产业难以找到核心企业，或者由

于核心企业规模小而难以发挥其领导作用，从而导致乡村旅游产业的整体竞争力下降，影响了其可持续发展。

三、旅游基础与配套设施建设问题

1. 基础设施与环境建设滞后，支撑条件不完善

基础设施与环境建设滞后严重制约重庆市乡村旅游发展。由于山地自然地貌条件，部分乡村地区道路、能源、消防、环保等基础性设施较差，不能满足发展乡村旅游的需求。部分乡村旅游点的交通是其发展的主要制约因素。交通是目前乡村旅游基础建设中最重要的问题。在环境保育方面，乡村旅游的生活污水、人畜粪便和生活垃圾得不到妥善处理，原生态的自然山水、乡村景观和民俗风情遭到破坏和干扰；对特殊自然景观、古镇古村落、特色民居和农村非物质文化遗产的保护不力，协调"三农"旅游资源与其他开发利用方式关系不够，造成因统筹不到位而导致的乡村旅游资源破坏。

农民旅游服务意识较弱，乡村居民的文化素质普遍较低，一些固有的饮食、卫生习惯也影响服务水平。

对乡村旅游的性质和特点认识不足，一些经营者忽视或脱离农业生产经营，单纯搞旅游，靠卖门票来维持，结果越办越差，最后关门停业。或是一些经营者大兴土木建设，过多地搞人文景观，把乡村旅游区变成文化娱乐区，结果游客少，只好停业。

在新农村建设背景下，乡村旅游与乡村经济社会发展结合得越来越紧密，在农村产业结构调整中发挥着重要的作用。乡村在发展旅游过程中，往往忽略了产业自身发展的规律，未能从实际出发，在提升第三产业比重的同时影响了产业结构的综合平衡。乡村旅游的发展需要一定的地方经济及产业支撑，片面放大旅游的作用、不分重点、不分主次，违背了地方经济的发展规律，旅游业持续、快速发展的目标将无法实现。

另外，对环境保护和旅游氛围营造认识不足。

乡村旅游的发展，对旅游地的环境也造成了一定的影响，包括旅游区等生产和生活垃圾，汽车等排放出的尾气所造成的空气污染等。

2. 不同区县基础建设差距大，区域发展不平衡

发展乡村旅游是推进城乡统筹发展和建设社会主义新农村的重要领域，但从目前发展规模、乡村旅游总收入及各个发展指标来看，重庆市乡村旅游地区差异大、发展不平衡。从"一圈两翼"三大区域来看，"一圈"因与主城较近的区位优势，道路、消防、环卫等基础设施建设较为完善，乡村旅游从规模、接待量等方面明显发展较快；而对于渝东北和渝东南地区，由于交通等建设相对较差，尤其是广大山区的乡村地区，基础设施建设较为落后，道路、水电、环卫等设施建设不足，乡村旅游发展也相对滞后。

3. 资金投入和融资渠道滞后，基建项目不同步

近年来，虽然重庆市内各区县交通等条件大幅改善，但是在广大的乡村地区，道路、

水电、消防及环卫等基础设施建设仍然滞后。目前的投资远远不能满足乡村旅游发展的需求。融资渠道不畅通，作为乡村旅游融资的中介机构不健全，缺乏资金融通、信用担保、融资租赁、项目融资、信托投资等服务。社会和政府投资严重不足，从而使得大多数乡村旅游基础设施、环境建设落后，很多山区农村道路虽然畅通但严重缺水电，通信设施不配套，环保意识较淡薄，卫生条件和城市相比相去甚远，其他基础设施建设的不同步与不配套严重影响了乡村旅游开发进程和旅游质量。

四、旅游服务及经营管理问题

乡村旅游经营管理不规范表现在以下几个方面（郭焕成、韩非，2010）。

（1）旅游项目开办审批不规范，很多项目没有申办报告，没有经专家论证，没有一定的审批手续，自发、盲目发展。

（2）旅游项目尚未纳入旅游部门的正式管理范围，其开业、停业都较随意，有的村、户根本不具备经营条件也能开张营业。

（3）价格不合理，任意定价，价格过高，甚至有蒙客、宰客现象。

（4）管理和导游人员素质差，服务水平低，不能满足游客的要求。

（5）对旅游项目没有严格的考核和动态跟踪管理，缺乏定期评估和淘汰制度。

（6）管理体制不健全，未纳入政府行政职能，农业部门和旅游部门管理不协调，扶持和支持力度不大。

由于乡村旅游的开发和研究均处于较低层次，针对乡村旅游的经营管理人员较少，对乡村旅游从业人员缺乏系统有效的培训。而在实际的乡村旅游操作中，许多乡村旅游区管理人员由村干部兼任或由当地农民担任。乡村旅游管理人员和从业人员素质普遍低下，严重制约了我国乡村旅游业的发展。

1. 管理理念与服务意识淡薄

多数乡村旅游经营者缺乏管理与经营理念，尤其大部分农家乐经营者，更是缺乏长期的管理与经营理念，无法做大做强。一些乡村旅游从业者和投资商"重硬件轻软件"，对于乡村旅游地吸引游客至关重要的一些因素，如乡村环境、服务水平与质量往往重视不够，注意力放在主体建筑、设施设备上，而不愿在经营特色、服务质量、社区环境方面投入，致使旅游服务水平无法达到旅游者期待，严重影响了乡村旅游的长期稳定发展。

2. 乡村旅游经营不规范

重庆市乡村旅游在大多数地区都处于起步阶段。乡村旅游地区广大的从业者和工作人员多为当地农民，整体素质不高。大部分农家乐和家庭式旅馆的服务员就是农户的家庭成员，既无卫生健康保证，也未经过专业培训，服务意识和服务质量不高。

乡村旅游人才的匮乏严重制约重庆乡村旅游发展，许多乡村旅游的管理人员由村干部兼任，乡村旅游的迅速发展与素质亟待提高的乡村旅游从业人员相矛盾，乡村旅游处于粗放经营，形成轻管理、低质量、低收入的恶性循环，严重制约了乡村旅游业的可持续发展。

3. 旅游服务与标准缺乏统一

目前，重庆市乡村旅游发展基本是农民或投资业主的自发行为，没有对乡村旅游服务标准和体系进行统一的规划，各地乡村旅游在开发上存在着小、散、乱的问题。多数开发经营者急功近利，只注重自己的眼前利益，对旅游服务缺乏热情，甚至出现欺客、宰客现象。

乡村旅游的各类标准不健全，旅游部门目前还没有针对乡村旅游制定一些标准，如从业资格、环境条件、服务标准等，致使乡村旅游业的发展一直处于初级阶段，乡村旅游的旅游者权益无法充分保障，对乡村旅游从业者和投资业主也缺乏约束。

在新农村建设中，乡村旅游成为乡村脱贫致富、社会发展的新途径，部分乡村地区在发展旅游的过程中，过分追求旅游带来的经济效益，忽视其社会文化价值；过度重视乡村旅游的经济带动作用，忽视旅游效益发挥的长期性、阶段性。经济利益导向过强，导致乡村旅游经济效益指标成为其衡量的主要指标，短视性、破坏性的旅游开发屡次发生，乡村文化、乡村环境受到严重干扰和破坏。

五、旅游产品开发问题

1. 地域分布广，区域发展不平衡

重庆山地为主的地貌特征和城镇分布体系，使乡村旅游产品供给表现出明显的组团式、散点式分布的特点。其主要组团分布于主城区、区域性中心城市一小时车程范围内，以都市近郊传统田园休闲型、山地型、滨水型和民俗型为主。散点分布的乡村旅游地有围绕主城和区域性中心城市的生态及高科技农业园，围绕主要景区、古镇、古村落、民族风情村、高山纳凉点等发展起来的乡村接待业体系。从"一圈两翼"三大区域来看，"一圈"因市场需求旺盛，乡村旅游无论在规模、接待量，还是投资力度等方面都发展较快；而渝东北、渝东南地区，尽管具有"养在深闺人未识"的资源优势，但因市场不足，乡村旅游发展还是相对滞后。

2. 产品类型多，地域特色不鲜明

目前，重庆依托森林、温泉、湖泊、田园风光等自然资源和民风民俗、古镇古村、现代种植、养殖设施等发展起来的乡村旅游产品涵盖了观光游览、避暑休闲、度假养生、特种专项等多种类型。但产品开发深度不够，主要停留在吃、玩、观光、采摘、避暑购物等方面，产品特色不突出，农味不浓、野趣不精、乡韵不足，各乡村旅游发展集中区县尚未形成"一村一品、一户一景"的格局；农村城市化、产品趋同化倾向突出；产品档次低、质量不高，缺乏精品，与农牧业发展结合不够紧密；忽视对乡土文化、乡村民俗等文化内涵的开发利用；各区域差异不大，甚至在同一地区内，同构现象也十分严重，导致近距离、低水平的重复开发建设和恶性竞争。

3. 农家乐为主，度假养生不突出

重庆市乡村旅游资源类型主要有森林、园林、水面、农家乐、民族民俗、养殖场、设施农业、农田农耕等。而以农家乐、乡村饭店为主的旅游景点占到重庆市乡村旅游景点数量的60%左右。旅游以就餐、钓鱼和打牌为主，参与度不强，乡村旅游在一定程度上成了"农家乐"和"吃"与"打牌"的代名词，大都停留在"住农家屋、吃农家饭、享农家乐"的粗浅层面上。相较于重庆丰富而多样的乡村旅游资源，旅游开发粗放，内容甚为单一；相对于旅游者多样和深层次度假养生的旅游需求，旅游活动较为单一、初级，度假类及疗养养生类乡村旅游景区较少，旅游感受较为单调。

第四章　国内乡村旅游规划进展对比研究

第一节　旅游发展规划与乡村旅游发展规划

一、旅游发展规划

（一）旅游发展规划的概念

国内学术界对于旅游发展规划的争论与探讨多集中于 20 世纪末与 21 世纪初，即《旅游规划通则》一式颁布之前。刘振礼（1996）认为旅游发展规划是指对某个国家或地区的大范围的较长期的规划。它是从宏观的角度出发所进行的综合性规划，一般所涉及的行业和部门相当广泛，除了旅游业，还必须考虑到一切相关的产业和部门，尤其是交通运输、能源、信息、工农业生产等。

邹树梅（1998）认为旅游发展规划是对某特定旅游区制定的产业规划。其内容包括旅游发展总体规划、旅游资源开发规划、旅游设施布局规划、行政管理机构布局规划、社会效益规划、环境生态保护规划。

侯志强（2002 年）认为旅游发展规划是根据旅游业的历史、现状和市场要素所制定的目标体系，以及实现该目标体系的战略措施。其包括确定旅游业在该区域的产业地位、发展规模、阶段、速度、要素结构与空间结构等。它是各级政府及旅游主管部门实施宏观指导和战略决策的依据，也是旅游开发建设性规划制定和旅游项目建设的根据。《旅游规划通则》（2003 年）明确了旅游发展规划在本质上是根据旅游业的历史、现状和市场要素的变化所制定的目标体系，以及为实现目标体系在特定的发展条件下对旅游发展的要素所做的安排。

综上所述，旅游发展规划是为解决旅游产业在特定行政地域范围内自身产业各要素空间的最优化配置及旅游产业与其他相关产业的协调发展等问题而被提出的。从概念本身就可以看出：旅游发展规划具有明显的产业规划与空间规划的属性。因此，全面理解旅游发展规划的内涵与外延，必须把握"特定区域""产业配置与空间布局""产业协调与统筹"等关键词。

而在我国的实践领域则比较混乱，主要表现在发展规划与总体规划区分不清。有些县级乃至市级的旅游发展规划也称为旅游发展总体规划。这可能有两方面的原因：一方面是因为旅游区总体规划与城市总体规划的叫法极其相近，规划对象又都是以行政区为基本单位，由于习惯或刻意强调其宏观性等原因而将其称为旅游发展总体规划；另一方面，也反映了一些专家学者及管理者对我国旅游规划体系的建构在认识上存在一定的分歧，并不是十分统一。

不管怎样，旅游发展规划的规划对象必须是针对行政区或区域这类宏观尺度的主体。考虑到在我国的区域发展实践中，行政力量整合各种资源的能力非常强大，若要促进宏观层面旅游产业的全面协调发展，没有行政力量的强力介入是不可能实现的。因此，以行政区为基本的单位还是比较现实和有效的做法。从这个意义上说，我国现阶段的旅游发展规划可以理解为是政府等区域管理主体在宏观层面（产业要素结构与空间布局等）对于本区域旅游产业发展的战略思考与总体安排。

（二）旅游发展规划的分类

一方面，按照规划年限，旅游发展规划可以分为近期发展规划（3~5 年）、中期发展规划（5~10 年）及远期发展规划（10~20 年）。

另一方面，旅游发展规划按规划的范围和政府管理层次分为全国旅游业发展规划、区域旅游业发展规划和地方旅游业发展规划。地方旅游业发展规划又可分为省级旅游业发展规划、地市级旅游业发展规划和县级旅游业发展规划，在经济较发达的地区，镇、乡也编制旅游发展规划。因此，从总体来看，旅游发展规划可划分为行政区内部的旅游发展规划及行政区之间的旅游发展规划两大类。在目前因为行政区经济和条块分割，旅游发展规划以行政区内部的居多，而随着区域一体化进程的深入发展，跨行政区的区域旅游发展规划将会越来越多（图 4-1）。

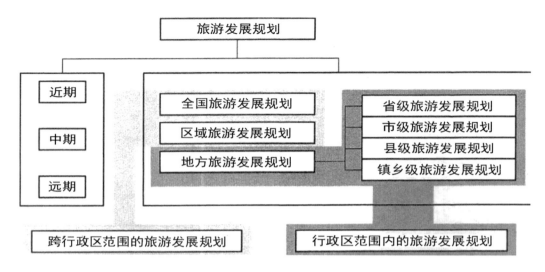

图 4-1　旅游发展规划分类体系表

（三）旅游发展规划的性质

应该说，旅游发展规划的产生和系统论、协同论在旅游规划中的渗透有很大关系。在系统论视野下，旅游发展规划是一个复杂的巨系统（张述林，2004）。旅游发展规划是旅游产业系统各要素（子系统）在宏观上的时空协调与总体安排，也是旅游产业系统与区域发展系统及其他各子系统之间的相互协调。因此，就性质而言，旅游发展规划应该属于空间规划的一种，也是产业规划的一种。

（1）系统性。系统性是旅游发展规划的基本属性。旅游规划的一个基本概念就是应当把旅游业当成供需因素构成的内部关联的系统（世界旅游组织，2004）。旅游发展规划调整的对象是旅游产业系统。因此，必须对旅游产业系统内部各子系统（客源地子系统、旅游交通子系统、旅游信息与宣传促销子系统、旅游商品开发及物资供给子系统、旅游管理子系统、旅游目的地子系统、旅游支持子系统、旅游保护子系统）进行全面而系统的调控才能达到预期规划目标。

（2）空间性。虽然旅游发展规划侧重的是宏观层面的系统调控，但调控措施与系统要素的空间落实也是不可或缺的重要组成部分。唯有如此，旅游发展规划对于其下位规划才更具指导价值和可操作性。否则，极容易造成"曲高和寡"，造成宏观与微观的严重脱节。

（3）产业性。产业性也是旅游发展规划的基本属性之一。旅游产业与特定区域范围内（行政区、经济区等）的其他产业间的协调主要是通过旅游发展规划中与产业相关的协调与调控措施来实现的。因此，旅游规划必须具有产业的属性，产业性是旅游发展规划进一步落实的重要保障。

（4）宏观性。旅游发展规划是宏观层次的战略规划，在多数情况下仅需对某些战略性和全局性的事宜进行安排与调控，如区域旅游产业的宏观布局结构等，而不能越位涵盖下位规划才能规定的事情。实践证明，宏观规划做得越细，其动态规划的适应性就越差，对下位规划的指导意义就越小，在实践中的灵活性就越差，从而无助于规划的落实。因此，在旅游发展规划中，对规划对象的空间尺度、调控层次要有清楚的把握。

（5）政策性。旅游发展规划是对区域未来旅游发展的战略部署与顶层设计，是制定区域未来发展战略的重要依据。因此，切实可行的区域旅游发展的政策建议应当成为旅游发展规划最终成果的重要组成部分。政策属性是保证旅游发展规划能够顺利实施的关键所在。

（6）公众参与性。旅游发展规划的规划期限一般比较长，少则 3 年，多则 20 年，将会对区域社会、经济的发展带来长远的影响。此外，旅游影响也会通过旅游业的关联效应波及社会生活的各个方面，如公共交通、社会财富分配等，从而影响到公众的切身利益。因此，严格来说，没有公众广泛参与的旅游发展规划，很难顺利推进并取得理想的规划效果。国外的旅游规划均将公众（社区）参与作为旅游发展规划的重要组成部分。国内的规划实践虽相比国外有不小的差距，但公众参与的进程也在逐步推进中。

二、乡村旅游发展规划

（一）乡村旅游发展规划的概念

乡村旅游发展规划是综合考虑当地乡村旅游业的历史、现状和市场因素等所制定的目标体系，以及为实现该目标体系在特定的发展条件下对乡村旅游发展的要素所做的安排，是针对一个较大区域范围的、较长历史时期内的乡村旅游发展总目标，及其实现方式的纲要性谋划过程，也可以认为是较大行政区域旅游发展规划中的专项规划。

（二）乡村旅游发展规划的任务

以乡村旅游为主的旅游行业在近年来取得了优异的成绩，为了更好地使中国的 GDP迅速增长，中国旅游行业对此提出了新的任务，中国政府明确乡村旅游行业能够使国家GDP 迅速增长，对乡村旅游行业的发展提出了新的目标，在此基础上，中国政府决定要优化乡村旅游行业的格局，使乡村旅游行业的格局更加完善，要调动人民群众的积极性，使他们都能参与到政府组织的乡村旅游行业中。要使农村经济发展起来，就要大力发展乡村旅游行业。众所周知，中国是农业大国，中国有必要发展农村经济，因此调动全中国人民参与到乡村旅游行业的活动中来是目前中国政府的首要工作任务。在国家政府规划的乡村旅游行业中涉及三方面旅游规划，分别是国家乡村旅游规划、省级乡村旅游发展规划和地方旅游发展规划。在这三方面规划中，政府要协调三个级别城市的旅游工作，使其能够为政府尽心尽力工作。

（三）乡村旅游发展规划与旅游发展规划的辨析

乡村旅游能帮助国家经济稳定增长，要想发展乡村旅游就要制订一个完整的方案。旅游行业规划与乡村旅游规划有所不同，具体见表 4-1。

表 4-1　乡村旅游发展规划与旅游发展规划异同辨析

规划类型	规划范围	规划核心内容	规划成果	其他内容
旅游发展规划	国家、省、市、县等大尺度范围全境	首先，主要体现在乡村旅游的目标和空间布局上，对这两方面进行具体的规划和设计；其次，体现在产业要素方面，政府对此要素进行细致合理的分配	政府在规划乡村旅游行业时有其固定的方案，主要对文本、规划图标和附件等进行具体细致的规划。对于图纸安排上也有具体的标准，图纸比例一般按照比例为 1/100000 ~ 1/10000 完成	重点以特色旅游为主，打造具有特色的乡村旅游产品
乡村旅游发展规划	国家、省、市、县等大尺度范围内的乡村地区	针对客源情况，分析乡村旅游的质量，制定评判标准，判断该流程有目的地是否具有旅游价值，并根据该价值来判断能否带来更多的客源；在确定主体时，要根据旅游目的地的实际情况来做一个正确的决定，在空间布局和格局上都要细致地进行工作；最后总结意见	与旅游发展成果相同	重点将"乡村性"作为乡村旅游行业的基础，打造全新品牌的乡村旅游行业

（四）乡村旅游发展规划与乡村总体规划的辨析

市场经济需要强大的乡村旅游发展规划，优质的乡村旅游能够带动地区经济发展，也能带动国家经济发展。中国政府将乡村旅游总体规划细分成乡村旅游发展规划和旅游发展规划。规划范围是以小尺度的乡村农业园区为标准。政府将乡村旅游进行完整的规划。

大体上来说，乡村旅游规划是以乡村农业园作为基础的，游客通过观赏乡村的自然景观来放松心情，但是景观观赏是有逻辑性的，是承上启下的，核心思想是以乡村景观为基础，在规划乡村旅游时要按照政府详细的说明来执行。具体来说，游客参观农村风光主要是以参观农村景观和参加农村劳动为主的，游客通过参加农村劳动来感受劳动带来的乐趣，提升自我价值。政府在进行乡村旅游规划前，首先要对客源市场、主题形象有一个完整的了解，在此基础上确定及规划乡村旅游格局和范围。在确定范围和格局后建设与安排乡村旅游基础设施，政府在制定这一系列的条例后，也针对这一系列的条例给出具体的实施方案和修改意见。鉴于乡村旅游发展规划和乡村旅游总体规划的不同，如下表4-2所示。

表4-2　乡村旅游发展规划与乡村旅游总体规划异同辨析

规划类别	规划尺度范围	规划核心内容	规划成果
乡村旅游发展规划	如国家、省、市、县等大尺度范围	首先，主要体现在乡村旅游的目标和空间布局上，对这两方面进行具体的规划和设计；其次，体现在产业要素方面，政府对此要素进行细致合理的分配	政府在规划乡村旅游行业时有其固定的方案，主要对文本、规划图标和附件等进行具体细致的规划。对于图纸安排上也有具体的标准，图纸比例要按照比例为1/100000 ~ 1/10000完成
乡村旅游总体规划	如镇（乡）、村、农业园区等中、小尺度范围	针对客源情况，分析乡村旅游的质量，制定评判标准，判断该流程有目的地是否具有旅游价值，并根据该价值来判断能否带来更多的客源；在确定主体时，要根据旅游目的地的实际情况来做一个正确的决定，在空间布局和格局上都要细致地进行工作；最后，总结意见	总体规划要认真细致，在规划前做出规划文本、做出旅游区的区位图、综合现状图。最重要的是针对客源市场做出分析图。同时，做出旅游交通道路规划图，以及总体布局图、旅游区功能分区图、近期建设规划图等。在附件中要包含各类图纸说明，其中图纸比例应该按照1/5000完成

（五）乡村旅游的规划内容

为了更好地发展乡村旅游行业，政府费尽心力对乡村旅游行业进行了详细的规划，在规划中政府指出要对乡村旅游行业的资源和环境做一个详细的调查，在进行市场调查与分析后，主要对乡村产品进行创新与再创新，制定完整的保障系统。这一系列的保障体系皆建立在完整的市场调研下，这一内容将在本章体现。

1. 资源和旅游环境调查及评价

（1）资源和旅游环境调查及评价内容。中国政府十分重视市场经济制度，认为只有调节市场经济制度才能真正地使中国的 GDP 稳定增长，而旅游行业的发展正适合中国口味，中国是农业大国，适合发展乡村旅游行业，因此中国政府决定将旅游资源进行分类，并于 2003 年 5 月 1 日对旅游资源及调查方法分门别类，制定了《旅游资源分类调查与评价》。在国家标准范围内，各部门执行相关政策，国家规定将旅游行业进行分类，分为 8 个主类、31 个亚类和 155 个类型，这些类别和类型分别对旅游资源和类型进行专门阐述，具有实用性、可操作性和科学性。从此，中国乡村旅游行业进入了正确轨道，这是对中国旅游行业的绝对意义上的认可，也是对中国乡村旅游行业的认可。旅游资源根据国家标准可根据类型、结构、规模、质量、功能和性质上进行区分和评价，评价方法基于《旅游资源分类调查与评价》，则中国乡村旅游行业也可根据这一标准进行评价。在评价方法中，研究者也可根据旅游环境、产品价值、文化价值、珍奇价值、规模等进行综合评价。根据旅游环境的自然程度和自然保护程度也可以对旅游资源进行区分和评价，综上所述的旅游资源评价方法皆适用于中国乡村旅游，根据评价的结果对乡村旅游环境进行整体改造。

由此可见，旅游资源的评价方法对于乡村旅游评价结果也十分重要。尽管旅游资源可靠可行，但是在开发旅游资源的同时也要注意保护生态环境，生态环境是评定旅游资源的重要保障。一般来说，生态环境中包括旅游环境。旅游环境能够保证游客来源，中国政府将旅游环境质量划分为生态环境质量和旅游社会环境质量。政府出台一系列方案来对生态质量和旅游社会质量进行评价，这对旅游环境的优化是十分有利的。旅游生态环境是由生态环境组成的，而生态环境的组成是自然环境的组成结果，自然环境是由自然的水、土及大气等组成，这些自然物质共同组成了生态旅游环境。旅游环境质量依靠自然的物质，自然环境中的物质质量越高，或者保护得越好，旅游环境质量就越高；旅游社会环境质量是在旅游目的地上建立起来的，旅游目的地将政治局势和社会治安情况和卫生情况囊括进来，而政治局势和社会治安情况是在政府的保障下完成的。因此，旅游社会环境质量还和政府政策息息相关。旅游生态环境质量和旅游社会环境质量能够保障游客来源，为社会创造经济效益。而这两种环境质量的判断依据是根据旅游环境承载力，根据旅游目的地的水环境指数进行评价，水资源的质量与环境质量息息相关，一般情况下水质量情况良好说明该地旅游资源良好，适合发展旅游行业。根据环境来初步推测游客数量是旅游行业常用方法，根据游客数量的指数能够具体估计收入及效益。在一定程度上，收益越高，说明该地旅游环境质量越好。

旅游局根据乡村旅游环境调查评价分为三个部分，制定如下图 4-2 所示。

图 4-2　乡村旅游资源与环境调查与评价的三个部分

（2）乡村旅游资源、环境调查与评价指标。在乡村旅游环境中，具有一定的对环境评价的标准，主要包括乡村旅游资源、环境调查与评价三个部分，学者魏敏（2004）指出对于环境旅游资源，目前中国政府给出的评价标准已经是一套非常完整的体系。中国是农业大国，对于特色农业也有一套完整的评价体系，农业特色关系到乡村旅游的发展程度。农业特色、乡土民情和生态旅游共同组成乡村旅游行业，自然的风光、景观能够陶冶游客的情操，丰富游客的视野，开展乡村旅游行业，保护旅游目的地能够迅速提升旅游地的产品价值，也能够吸引更多的游客，创造巨大收益。中国政府也将乡村生态旅游和旅游资源地进行评价，评价指标分为三个子系统，这三个子系统把握乡村旅游发展程度，针对旅游环境目的地的状况来进行质量评估，这三个系统分别是旅游资源子系统、农业与生态环境子系统、社会经济条件子系统。在旅游资源系统中，包含游客资源密度、旅游资源环境容量和资源价值功能、区域自然条件和基础设施；在农业与生态环境系统中，包含气候条件、土壤条件、生物资源等；在社会经济条件系统中，包含社会状况、人文环境等。这三种类型的评价标准能够对乡村旅游资源状况做出系统的评价，能够准确计算出游客资源，从而计算旅游收入。

（3）乡村旅游资源与环境调查评价方法。在乡村旅游行业中，有固定的评价标准，本评价标准仅限于评价乡村旅游行业，一般采用定量与定性相结合的方法。在评价乡村旅游行业时，多采用综合评价指数与模糊评价法。这两种方法对于评价乡村旅游行业具有一定的优势。在综合评价指数法中，使用层次分析法、德尔菲法及灰色关联度分析法来评价乡村旅游行业中的因子，通过对因子的评定评价乡村旅游行业在中国旅游行业中是最先进的评价标准；在模糊评价法中，是将一些乡村旅游行业中的因素量化，利用数学中的函数关系建立模糊评价法，用来评价乡村旅游行业中的因素，进而得到结果。综合评价乡村旅游行业，得到初步评价。

2. 乡村旅游产品设计与创新

（1）乡村旅游项目的设计与创新

①乡村旅游项目类型。中国发展乡村旅游行业有利于国家 GDP 增长，对于游客来说是一种精神的享受与放松，乡村旅游是社会与生态环境实现最大利益化的最佳途径。旅游局制定本地乡村旅游项目政策时将景点、节日活动和旅游商品增加到这一项目上来，以此来增加收益。当然，旅游局在设定旅游项目时也不要将这些项目僵化，要开放，让游客体会到旅游的意义，从根本上达到精神享受。开放的空间使游客能够体验到旅游的真正意义。游客在旅行的过程中能够通过创新的产品感受到当地文化和科技的力量，从而感受到中国传统文化的精髓。旅游局方面要对乡村旅游产品进行设计和创新，例如，增加乡村风光观赏项目。在旅游的过程中，为游客讲解当地文化、宣传当地商品，带领游客参观当地著名建筑物，来提高当地旅游价值。

②乡村旅游项目的设计。随着游客对旅游要求的逐步提高，旅游局也应该对旅游产品进行精心设计，政府要求旅游局按照"观光＋参与娱乐""观光＋休闲度假""观光＋科技""观光＋生态文化"这一标准执行，让农村观光风景与这几方面结合，让乡村风采尽情展现。政府也要求旅游局对这一系列项目进行相关设计，从而推出一系列设计方案。以杭州某乡为例：旅游局设置了十项与茶有关的项目，具体名称为茶乡旅游活动，调查显示这一项目吸引了众多游客的目光。旅游局针对这一情况又设置了深受游客喜爱的户外健身活动、设置了"农家乐"项目，游客吃在农家、住在农家和乐在农家。游客在农家品尝美味佳肴后，可以参加农家活动，如采摘茶叶、炒茶，观看农家表演等，这些农家活动能够吸引更多的游客目光，游客不仅能够欣赏农村风光也能体验农村文化。

在观赏农村风光时，游客也可以观看到农村资源，包括农业和文化资源，这些资源能够使游客对农村环境有一定了解，在旅游过程中参观自然景观、感受农村不一样的风土乡情，体验不一样的中国文化。

在乡村旅游模式中，农业是乡村的一大特色，在农村的农业劳作中包括高科技农业和精耕细作农业，这两种农业类型组成了农村的农业类型。旅游局应该鼓励当地居民在这两种农村耕作类型中精心设计，让游客在农村劳作中体验不一样的乐趣。设计时，要根据当地条件，具体可以设计休闲和教育活动两项内容，再将这两种内容进行细化。其一，农耕作业。将耕作过程具体化，分为种菜、栽花、插秧、除草、施肥等。其二，采摘。采茶和摘水果增加到劳作环节，使游客体验采摘乐趣。其三，市民农园。鼓励村民将自家地以租赁的形式给市民，提供材料给市民，让他们感受到栽种的快乐，学会农家耕作手段，从而体会农家快乐。其四，传统手工艺制作。旅游局鼓励村民将民间手艺、传统手工艺制作教给游客，让游客自行完成，游客从中可以感受到自己动手、丰衣足食的快乐。

以"农家乐"为主的乡村旅游活动在最近几年较为盛行。游客从"农家乐"活动中体会到农家的乐趣。游客在参观农村风光时吃在农家、住在农家、乐在农家。这种模式在世界各国中较为盛行，成为当下最流行的旅游形式。如今有很多国家为游客提供住宿，在国外这种提供住宿被称为自助住宿。外国也为游客提供如农场这种休闲环境，这样的形式能够吸引更多的农民来旅游，调查可知农民在农场逗留的时间约为一周左右，有利于增加旅游收入。

不同的游客对旅游提出了不同的要求，性格不同，因此偏好也不同，对于年龄偏大的游客来讲偏重欣赏乡村风貌和茶园风光，因为年龄较大的人比较注重精神感受；而对于年龄偏小的人来说，尤其是学生群体，爱好比较广泛，他们对于参加农村活动比较感兴趣，参加农村活动的群体不仅包括学生，还包括各色职业的人群。在购买农村商品方面，不同年龄、不同收入、不同职业的人群都有购买，因此差别不是很明显。在农村商品购买度上，学生群体的购买人数呈上升趋势，由此说明农村商品更能吸引年轻人的目光。除此之外，外来游客对于琳琅满目、具有特色的农村商品特别感兴趣。其中更能吸引外来游客和高档收入人群的是乡村高档商品，对于高档收入者和外来游客来说高档商品更具有收藏价值和购买意义。针对这一情况，旅游局应适当在乡村旅游项目上精心设计，设计的商品应该贴合上述人群喜好，根据不同的旅游目的地的特点和人群购买力来设计商品的类型。以一个带着孩子出游的家庭，就应该设计孩子需要的商品，为其设计亲子活动项目，让孩子和家人都能参与其中，孩子从中也能够感受到乐趣，度过轻松愉快的一天，从而能够吸引更多的游客，增加旅游收入。

在乡村旅游项目的创新上，旅游目的地居民也应该别具一格，提供创新的想法，居民在创新时应该遵循五个原则：其一，考虑创新的整体性，创新时要把握重点。其二，独具一格。创新想法要与别人不同，独具匠心。其三，在想法上，要把握市场经济的发展方向，时刻根据市场经济发展趋势来执行想法。其四，参与性。创新想法要讲究实效性，创新的想法是要游客能够参与进来。其五，综合性。无论是创新想法还是创新项目都要综合统一，平衡利弊，具有统一性、综合性。创新在乡村旅游中是十分实用的，在创新时要统筹兼顾，在争取利益最大化的前提下要保护生态环境。

在创新想法和项目时，可根据以下几个流程：一般可分为思考—初步构思—项目编写—项目评价四个步骤。在思考方面，要进一步明确要创新的项目，确定项目名称，实施过程等，思考的过程又称"三A"分析，即三方面分析。其一，分析开发地资源，开发的资源要根据旅游目的地的条件，当地的客观条件，如经济实力、民族特色等。其二，分析资源特色。当地居民应该寻找具有本地的旅游特色和资源特色，利用这些专有的条件来确定项目，从而实施。其三，分析客源市场。当地居民和旅游局共同合作，调查旅游市场确定目标，了解客源数量，观察周边景物，了解市场信息。通过思考确定要实施的项目后，就要进行初步构思。在初步构思中，要形成实施的逻辑思维，这个过程由专业团队精心设计，通过请教相关专家来确定具体实施计划。初步构思中，先由团队成员各自发表相关见解，再通过专家意见修改，最终形成实施思维。在经过初步构思后，接下来进行项目编写过程，编写过程是通过文字或者图形展示出来，通过简要的语言和生动的图形来展现项目的独特。

将示意图通过人性化的方法展示出来说明项目的优势，是当前开展乡村旅游项目最流行的形式。在项目编写后进行最后一步，即项目评价，在项目评价中要将预算、资金投入方向及来源增加到这一环节中来，使人一目了然。

在科技发达的当代，旅游行业将以全新的面貌呈现给全国人民，乡村旅游项目继国家政府推行后获得了大众好评，乡村旅游着重以服务为理念，以商品为乡村旅游主打为国家创造收益。乡村旅游要创新项目，主要在游览观赏、农家活动参与、民俗体验中创新，为游客设计场景（李伟，2003）。

第一，情景规划。在众多的农家活动中，应首选与当地特色符合的活动。例如，在江南水乡应该选择盛行的古风演唱；在现代化的新农村应该选择特色的农耕活动。因每一个地区所处的地理位置，或者拥有的自然条件不同，因此具有的特色也各不相同。在制订与执行方案时，要注意以下几个问题：其一，风格统一，错落有致。在设计场景时要协调统一，执行的场景应符合当地人的生活习惯，不能以游客乐趣为首要设计条件，在设计时应该尊重当地习俗。其二，尽量使用当地资源。在改造生态环境方面，应该以当地材料为主，实在不够应该选择与当地材料相近的类型材料，以保证当地特色的统一性；在修桥铺路时要注重生态环境建设，注重当地原有特色建筑特点。其三，利用当地传统的文化和特色。在制作当地手工艺品和美味经典菜肴时，尽量使用当地原有的材料，让游客感受到来自乡村特色的手工艺品和菜肴。其四，个性化创意。当地居民在家里准备一些独特的、具有当地特色的餐具，当游客拜访时，居民拿出餐具让游客感受到乡村传统的文化特色，给予游客感官上的冲击。其五，环境整治。居民在设计旅游环节和创新项目的同时，也要注意环境卫生，要给游客一个轻松干净、舒适整洁的环境。因此，当地居民应该加强自家旅馆的卫生工作，如定期打扫、定期消毒等，给游客提供一个舒适的入住环境。其六，采用实景虚景相结合的手法。将多种方式结合在一起，给游客一个全新的旅游新体验。

另外，规划中要加强"乡土性"建设。在建设社会主义新农村的影响下，当地居民积极响应政府要求，开展乡村旅游项目。居民应在"乡土情"方面增加工作，现代人因生活的压力逐渐远离家乡、远离亲属，对于亲情很冷漠。旅游局针对这一情况要鼓励乡村居民增加"乡土性"环节、增加感情互动沟通环节。感情不是一方通过努力就能有的，要通过双方的沟通、真心付出才能互融、互通。要加强这一方面的工作，让游客感受到乡村人的热情好客，真心付出。在城乡文化交流的工作中，感情是文化的力量所不能比拟的，同样也无法替代（吴文智，庄志民，2003）。乡土情怀要依靠所有城乡居民共同努力，要激发城市人民的感情，从而维护"乡土情"。

第二，主体体验乡村旅游应该是有主题形式的。首先，在确定主题前要选择多个主题。按照现有的主题来确定项目，再根据目的来确定实施计划。再将四大活动，游览观赏、农事参与、民俗体验和农家生活融入其中。真正的好的主题，不但能拥有越来越多的游客，而且能够使游客带领更多的人群前来体验。这是设定主题的真正目的。优秀的主题有五个创作标准，分别是：其一，主题能够吸引更多的游客目光。这类主题一般从多种方面表现的与其他主题不同，自然游客的体验也就不同。其二，通过主体的确立可以改变游客的视觉惯性，让游客耳目一新，从而给予游客视觉上的冲击。其三，将具有灵魂的主题和现实的事物结合在一起，给予游客不一样的旅游体验。对于旅游行业来说，这也是一次机会，让游客处在不同的空间，感受不一样的事物。其四，主题应具有多种景观布局，不同的景观布局能够给游客带来不一样的感觉。

在设计的最后，要求主题与乡村特色统一协调。设计的方面要和乡村传统文化互相搭配。在不同的村落，可以感受不同的特色。例如，在比较具有传统气质的村落中，可以装扮古代人；在现代化的村落中，可以从事农村劳动感受劳动带来的快感，了解粮食得来不易。当地居民也可以组织游客参与"重回古代"的活动，让游客感受到古代文化的力量。

当地居民在设置项目活动时，一定要按照游客的最佳享受标准来制订方案，方案要满足游客需求，最优秀的项目要最优秀的人来完成。要制定一个具有挑战性的项目，设置能够吸引人的项目，能够让游客完全的放松心情在里面。另外，在设置项目时要注意丰富性和主动性，具体是在设置项目时要注意让游客主动参与进来，而不是被动参加。同时，可以给出更多的主题来让游客选择。发挥项目的独创性、独特性，让项目能够与时俱进，在乡村旅游项目中发挥项目的优越性，让乘客感受到只有乡村旅游才能够让他们真正地放下压力，享受不一样的旅行乐趣。

国家开展乡村旅游行业，一方面是为了提高国民经济，另一方面是让旅游者能够体验到更真实、更有价值的旅游。因此，国家在乡村旅游活动的基础上又推出了新的活动项目，乡村旅游体验，通过真实的乡村活动项目让游客感受到乡村旅游的乐趣（杨晓云，2001）。乡村旅游体验的真实性表现在以下三个方面。

其一，尊重客观事实。在国家开展乡村旅游活动时，要以乡村自然景色为主要依据，开设的项目应符合乡村旅游体验项目，对事物的原型予以尊重。在保持乡村生活的原状时，创新想法，给游客呈现出自然、创新的新理念。

其二，象征性真实。在尊重客观事实的基础上，要对乡村旅游活动进行创新，创新要依据游客的喜好来设定旅游项目，让游客在这次旅行中体验到乡村旅游活动的重要性。

其三，存在性真实。在创新乡村旅游项目时，游客也能从中感受到真实、丰富的农村生活，能够在这里找到自我、实现自我，获得良好的人际关系，游客也能通过体验乡村生活找到自身价值，提升自我品味。

（2）乡村旅游休闲活动规划

乡村旅游项目在开发之初就提出了活动主要以休闲为主题，伴随着淳朴的农村餐饮、节日活动、乡村旅馆、农村特色商品和特产等。

①农村餐饮，自古就有"民以食为天"的说法，讲究一日不可无食。如今市场上销售的商品大多不利于人类的健康，城市食品"恐慌战"打响了，越来越多的城市居民向往绿色天然的农村食品，认为农村食品有利于人的健康。因此，城市居民开始注意农村人的饮食，城市居民的饮食逐渐向农村食品靠拢，所以农村餐饮在乡村旅游项目中起到了重要的

作用。如今已有越来越多的城市居民去农村旅游的重要目的是品尝农村食物。

在农村，村民们依靠打土鸡、挖野菜来维持生活，现代经济发展迅速，许多原汁原味的野菜、土鸡也就不复存在了，农村居民为了维持生计，也为了长期生存，获得巨大的利润，村民开始将土地翻建成房屋等基础设施。食品类型逐渐从原生转为商品经济，许多村民将自家房屋改建成小饭店等，乡土气息也不复存在。针对这一问题，政府也出台了相关政策，也为了更好地将原汁原味的乡村餐饮坚持下去，因此对乡村提出两点要求：一方面要求村民要挖掘乡村餐饮的价值；另一方面要求出台具体政策整改。

在乡村餐饮中，乡村居民应该从当地选择原材料进行烹饪。因乡村餐饮的原材料罕见，难以在城市中找到，这是深受城市居民欢迎的一个重要因素。在农村随处可见土鸡、土鸭和老腊肉等。乡村居民还可以利用当地特产的鲜竹笋、鲜菌、南瓜尖等来制作农村美食；乡村居民还可以利用农村特有的芥菜、干油菜、蕨菜等制作可口的咸菜、晾晒成菜干。将自己制作的泡菜等献给外来游客，让游客能够品尝到可口、天然和绿色的农村饭菜。农村菜具有鲜、土、粗的特色，在烹饪方法上的方式更是多种多样，深受城市居民的喜爱。城市居民吃惯了城市饭菜，在品尝乡村菜肴时格外喜欢，可见农村菜肴是国家开展乡村旅游项目中的关键。实际上，农村菜肴的原材料也可从邻村获取，制作出各种不同的口味，以供游客品尝。

②文化节庆活动。国家在开展乡村旅游行业时，就考虑到要将乡村节日加入这个项目中来，让游客体验和城市不一样的节日活动。在农村，节日活动丰富多彩，形式多种多样，人们在节日可以自由地活动，不受拘束。这是乡村旅游项目的一个亮点。在节日活动中，参与者可以获得精神上的满足，以至于游客在返程后，每每想到这项活动都乐此不疲。在乡村旅游项目中，节日活动是开展乡村旅游行业的关键，也是传播文化形象的良好载体。乡村旅游行业设置节日活动有两种表现形式：其一，民俗节日—我国传统节日，在这种节日中，村民依据传统的风俗习惯进行活动，这是全民族的节日，全国上下都在欢庆。例如，元宵节、春节等。其二，民俗节日—节庆活动形式。在乡村旅游项目中，创办节日活动讲究形式多样，以当地特色为主。挖掘当地旅游资源、节日资源，村民要适时增减流程，按照节日重要与否来安排流程。活动分成大活动和小活动，规模有大规模和小规模。重点节日每年举行一次，在举办活动时选择特色主题吸引游客。节日活动和活动形式多样性已经成为乡村旅游项目的关键。

③乡村旅馆。在乡村旅游项目中，乡村旅馆成了这个项目的又一关键，也是游客来乡下旅游的基础条件。在乡村旅游项目中，乡村旅馆大多是农村居民自己搭建的，或者是将自家房屋改造成旅馆。这四种改造方法有四个特点：其一，不必要投入过多的资金，收入可靠；其二，解决了一大部分农村人就业的问题；其三，价格合理，经济实惠，是城市人住宿的首选，在环境上，优美自然，游客可以不出屋就能够欣赏农村风光，农村居民热情周到的服务赢得了广大城市居民的高度赞扬，称农村人是最地道的东道主；其四，这种由农村人自行搭建的旅馆具有市场性，适合市场经济向前发展。在宾馆满足不了游客需求的

同时，是对其住宿概念的合理性补充，是新时代旅游住宿的新理念（陈南江，2004）。

国家为了更好地发展乡村旅游项目，设置了乡村旅行社，尽管乡村旅行社在一定程度上为乡村旅游提供了便利保障，但仍然存在一些弊端，主要有：其一，旅行社规模小，档次不够，不能突出当地特色，在游客的服务方面不全面；其二，在现存的农村旅行社中，数量远达不到国家标准；其三，乡村旅行社在管理方面实施得不够完善，对农村的宣传方面还不到位；其四，因政府投入的资金不够，因此乡村配套的基础设施不完善。政府在这一方面要进行干预，在乡村设施建设方面投入大量资金，提出可行性建议。

在乡村旅行社的规范化建设，应做到以下几个方面。

其一，乡村居民应该有计划地建设本村的基础设施，修建道路，完善交通设施，完善基础通信设施，完善乡村生活设施。

其二，完善乡村内部的卫生设施，改善乡村内部的设施环境。在卫生间内增加冲水设备。优化乡村基础设施。

其三，内部装修。乡村居民应该集体出资改善内部装修，装修风格应该多以简洁、自然为主，装修风格应该突出主题、突出地方特色。设置北方的火炕、将南方的传统大床修饰主题。同时，乡村居民要依据游客的个人喜好来装修，装修前要做市场调查，居民在装修时可以增加小摆设、图书、图画等，让游客初来农村就能感受到良好的居住环境。

其四，公共活动场所。居民应该完善公共活动场所，将场所和大厅连在一起，游客用完餐后可以和居民一起进行娱乐活动，还可以亲力亲为农村劳作，交流劳作经验等。

④乡村特色商品及特产。乡村有很多特色的代表产品，如家禽、当地盛产的蔬菜瓜果等，还有各种手工艺，如竹筐、刺绣、纺织品等，这些来自传统的农村手工艺十分受城市游客的喜爱，这些手工艺品具有实用性，可以让游客带回城市进行手工艺品展览，也可以在家中自行观看。在开发这些手工艺品的同时，要注意将手工艺和当地特色结合在一起，利用乡村的原材料进行手工艺制作能够赢得更多城市游客的喜爱。

（3）游览组织设计

在乡村旅游行业中，多数旅游项目都是在目的地设置的，旅游目的地的居民为城市游客设计了各种不同的旅游项目。为了吸引游客目光，居民别出心裁进行了完整和全方位的设计，使游客能够感受到乡村风光的魅力，并能在这次旅行体验中充分感受到乡村独特的风光。居民设计的主题应该特色鲜明，使用动态与静态结合的方法，将这种方法融合到设计中，让游客在旅行中放轻松，在设计时应注意以下几点。

①确定游线。在乡村旅游项目中，分为大尺度路线和小尺度路线。一般游客会选择大尺度路线，大尺度路线是和外部交通息息相关的，时间较长。在小尺度路线中，游客可以在固定的路线中观赏乡村风光。无论是大尺度路线和小尺度路线，都应该遵循必须与外界保持联系的原则，保证游客安全。在如今的乡村旅游中，很多游客选择骑自行车进行旅游，因此乡村居民要保证车辆的充足。但因为乡村基础条件较差，所以存在交通不便利的问题。据可靠调查显示：表示农村景区停车困难的游客有约19.9%；表示农村交通路线不完善的

有大约 27.5% 的游客。因此，乡村居民在规划农村设施时，要重点对农村交通进行规划，并合理利用资源、尊重主题设置景点路线。在此基础上，乡村居民还要推陈出新设置与之相关的景点路线，以让游客感受不一样的农村风光。

②冷热有序。因地区的不同，有些地区季节性分明，因此旺季和淡季应呈现分明的形式。在农村居民家中也随处可见"井喷"现象，现如今，居民接待游客的能力逐渐降低。一方面，乡村旅游项目开发得不尽善尽美，旅游项目层次低、缺少吸引人的活动；另一方面，居民文化素质偏低，即使政府给予了相关政策，也在经营上放宽，但是村民仍然无法自主经营。针对这一问题，居民应该反思，乡村也应该引进先进管理、统一制度，村民定期学习经营管理的理念。政府也应该实行分配游客政策，以保证居民收入。

③鼓励参与。在居民组织的乡村旅游活动中，很多城市游客都热情涌入，加入居民举行的活动中。但是尽管乡村居民很有想法，由于村民的文化素质偏低，因此活动的质量也偏低。针对这一问题，除了要学习良好的测绘知识外还要定期参加村里开展的学习培训活动，有助于村民能够顺利开展旅游活动。

④服务优良。在开展乡村旅游项目时，应该将服务列为首要地位，乡村旅游应该实行人性化的服务，在各景区设立服务点，保证每一个游客在寻求服务时都能找到对应的服务中心。政府要求对服务人员进行定期培训，增加礼仪和服务方面的知识，设立管理规定，规定在工作期间如有违反管理规定者要有据可依，从而保证游客的权益，让游客回味无穷。

3. 环境保护规划

据可靠数据显示，在杭州、苏州等南方城市，旅游者自愿参加居民举行的乡村旅游项目完全是出自缓解工作压力，达到一个比较良好的状态。所以，政府要加强环境保护，这不仅是保护我们赖以生存的生态环境，也可以吸引更多游客前来旅游，创造收入。因此，政府推出环境旅游，环境旅游是对乡村旅游项目的进一步解释，政府要保护生态环境，就要协调好人类与大自然的关系，发现其内在规律，从而制定环境保护措施，让人们主动保护生态环境（孙殿武，张弘，1995）。政府应该鼓励人们多参加生态环境保护的专题讲座，以让人们了解生态环境保护的重要性。环境保护主要包括两个方面：一方面是生态环境保护；另一方面是社会环境保护。在生态环境保护的步骤中，主要有：其一，要定期对环境进行调查和评价。将这一问题列为关键问题，评价人与自然之间的关系，列举环境保护会出现哪些问题，对这些问题出台解决方案。其二，在这一问题的基础上对应该出现的问题进行预测，分析环境现状、人与自然的关系，分析环境变化走势。其三，确定环境容量。对于环境容量的确定是建立在前期对环境现状调查报告的基础上的，其目的是让更多的游客能够清楚环境保护的意义，将实施的措施放在最后。

环境调查评价在环境体系中十分重要，前文已经给出了指标体系。在这一基础上，下文根据指标体系对影响环境的因素和容量进行了具体分析。

（1）环境影响问题预测分析。国际学者和国内学者对于旅游目的地问题的影响因素都保持相同看法，主要由以下三个方面构成，即经济、生态环境和社会文化影响。这三方面因素均对旅游地产生了不同的影响，然而经济影响对其是有利而无害的。其他两方面，包括生态环境和社会文化的影响才是深远的（潘秋玲，李文生，2004）。在乡村旅游项目中对环境的影响主要与旅游者的行为和开发者的开发有关，由于游客的漫不经心和开发者肆意开发对生态环境构成了破坏因素。其主要表现在以下两个方面。

实体性的乡村旅游开发活动和非实体性的乡村旅游开发活动（骆华松，2002）在实体性的乡村旅游开发活动中主要表现为：

其一，开发当地特色景点，完善当地的基础设施。仔细寻找该地的旅游资源，对已经开发的资源进行二次开发。二次开发，也被称为深度开发，就是根据旅游资源的可用程度判断是否能够进行再次开发。

其二，完善与建设旅游的相关设施。旅游设施分为旅游服务设施和旅游基础设施两种。这两种设施在旅游项目中起到了非常重要的作用，是旅游活动项目的关键。在服务设施中主要包括村民要向游客提供住宿、餐饮和交通等服务；在旅游基础设施的阐述中为：居民为游客提供水、电、网络、热等生活设施。这些基础设施有利于旅游设施体系的构建，在现代旅游活动项目中发挥了重要的作用。

非实体性的开发活动有：

一，完善旅游服务。配置素质较高的导游等。

二，旅游市场的开发，表现在宣传乡村旅游活动。

三，旅游环境的营造和旅游资源的保护。乡村内部实行多项管理制度，确保旅游项目的顺利实施，村民要对旅游行业产生新的认识，营造一个相对稳定的旅游环境。

实体性的旅游开发活动和非实体性旅游开发活动共同构成了乡村旅游活动开发的体系，这在中国旅游行业中存在多年，是中国旅游业的顶梁柱。但是开发建设旅游基础设施势必会对相关的农业产业产生一定影响，比如，建设旅游项目的基础设施会占用大量农业耕地，目前中国的农业耕地本来就很少，再加之大量开发旅游景点。因此，中国政府要解决旅游项目占用农业耕地的问题。在建设旅游基础设施也存在一些粗放开发的问题。比如，国家的一些著名的风景名胜保护区附近，居民利用有利地形建起了自用的房屋，极大地损坏了自然名胜的形象。

对旅游环境的破坏也来源于游客不断地欣赏、观光、探险等活动。这些活动在一定程度上破坏了生态环境，然而人类并没有意识到自己的行为已经破坏了生态环境，以至于这些问题长期存在生态环境的影响因素中，并分别有以下几个方面：其一，生态环境被破坏会导致种群结构被改变，随着环境的改变，动物会相应改变自己的习性，进而破坏了动物的生长规律。其二，环境污染。关于环境污染有很多的叙述，其中以废水污染和汽车尾气污染最为严重。除此之外，乡村旅游活动会招揽大量游客，噪声的污染也会破坏生态环境。其三，对自然资源的影响。旅游活动项目的进行会消耗大量的水资源。其四，对视觉效果的影响。大量的游客在参观景区时会将垃圾随手扔掉，这是对人文环境的不尊重。旅游活动对旅游环境也产生了一系列影响，表现在以下几个方面：其一，旅游活动吸引大量来自城市的游客前来观赏，加强了城市与农村之间的文化交流，使农村人也能接受到城市文化。高标准的文化能提高农村人的素质。其二，给乡村旅游的基础设施带来压力。由于大量兴建旅游基础设施，导致了生态环境的污染，特别是水污染和汽车尾气污染。其三，能够使地方文化与城市文化进行融合。在这一方面，农村通过接受外来文化使农村文化水平迅速提高。通过乡村旅游项目的实施，也使许多不为人知的偏僻山区成为闻名遐迩的风景名胜。在一定程度上为乡村旅游做了宣传工作。由于农村当地人缺乏环境保护知识，为了赢得更多的利益，农村建设基础设施时大肆破坏环境，给生态环境造成了压力，游客在欣赏美景时更加不注意保护生态环境，因此乡村旅游逐渐在走下坡路。

在不同的农村，由于人们观念不一，所以造成的影响也不同。在一些古老的城镇，人们缺乏对自然的认知和生态环境的保护意识。近年来，这些问题引起了国内学者的关注。他们通过对这些古村镇观念的研究得出了许多针对性的结论。以西递、宏村和南屏为例，学者通过大量的市场调查分析并得出相应结论：在诸多影响因素方面，其经济影响颇为深刻。所谓经济影响，大体分为三个方面，即社会劳动结构、产业结构和村民参与旅游项目程度，这三个方面涉及之广，从中可以分析出本村的居民收入水平；在社会影响中，主要表现在居民的人均消费水平和文化水平上，还主要体现在公民的责任意识和维护社会秩序稳定的意识；在环境影响中，主要包括水污染对环境的影响、人为制造的垃圾及汽车尾气对环境的影响。通过对这些方面调查取证，分析并总结古村镇在乡村旅游的发展过程曲线中呈现阶段性。要想帮助古村镇发展乡村旅游行业，就要落实地区政府和镇政府出资建设村镇设施的工作。

（2）环境容量的确定。环境容量在旅游行业的阐述是：以旅游目的地的承载能力为主，确定旅游环境容量。具体是指在特定的旅游目的地中，目前的生存状态与当地人的生活不产生任何关系及不良影响，也不会产生未知的伤害。旅游环境容量，又指在一个特定的旅游环境能够接受的游客数量（崔凤军，1995）。在多年以前，学者研究环境容量是以生态环境作为研究的目的。现如今，在科技水平足够发达的情况下，学者将环境容量分为以下几种，分别是感知容量、资源容量、生态容量、经济发展容量和设施容量，这五大基本容量是当今学者研究容量的主要课题。在感知容量的定义中阐述道：一个固定的旅游目的地能够接受的游客数量，前提是不破坏生态环境。该地能够容纳的游客的最大数量，即感知容量。在资源容量的阐述中认为：不能以牺牲自然资源为代价，在一个固定的旅游目的地，能够容纳的旅游活动项目的数量，即为资源容量，接受的项目数量皆为最大数值。在生态容量的阐述中：由于生态环境会随着时间的增长而逐渐退化，在这一时间内能够接受的活动的最大数量即为生态环境容量。生态环境容量是提示人类不要随意破坏环境的容量。在经济发展容量的阐述中指出经济发展容量的大小是和地区发展程度相关的。地区经济发展越快，经济发展容量越大。地区发展水平，即经济发展容量的表现。在设施容量中有基础设施和专用设施。这两种设施对于旅游业的投资卓见成效；该地区能否满足旅游发展及借助外围地区；该地区的旅游业与该地区的其他产业息息相关；是否能借助于其他地区的资源来发展本地区的旅游行业。在社会地域容量的阐述中这样描述道：以特定的旅游环境为例，该地区能够接受不同宗教信仰和不同的民族。这五种容量在内部有一定的规律，这五种容量分别是相关联的和相互协调的。在旅游经济发展容量和旅游社会地域容量中对旅游行业的评价十分重要。社会的发展程度与地区发展程度有关，地区发展的程度取决于该地的旅游业发展程度。起决定性因素的是经济发展容量和社会地域容量，这两种容量越大，那么旅游行业发展得越快，与之相比的供给容量和感知容量中，起决定性作用的感知容量受多方面因素影响，其中自然资源、生态和经济等容量影响感知容量。无论是哪种容量都对旅游行业起着关键性作用。

政府在规划旅游行业时提出了一个重要概念，那就是基本空间标准。其含义为，旅游基础设施建设者利用的空间面积。在基本空间的概念中有一些计量指标，单位为（m²/人）。

在旅游行业中，最重要的就是旅游环境容量，学者对旅游环境容量提出了新的概念，即超载、饱和及污染问题。这些问题是研究旅游环境容量的关键。因此，要采取必要措施，在旅游旺季适当减少游客数量，减轻环境的承载力，还可以实施分流方案将游客分流。

学者刘益（2004）在研究旅游环境容量对旅游业的影响时认为，综上所述的各种容量对研究旅游行业比较实用，特别是观光型的旅游景区。学者认为这个容量是旅游行业长久以来总结的，对于研究旅游行业发展十分有利。这个概念在旅游行业中形成一个固定的体系，并受两种因素影响。一方面受到来自全国各地游客类型的影响（吴必虎，2001）。另一方面，旅游者类型受地区形势影响。学者在研究旅游环境容量时，要注意以下两个问题。

其一，不同类型的游客的需求大不相同。其主要表现在空间标准上，也表现在观光景区上。在一些乡村旅游活动项目中以休闲为主、观光为辅，也有些项目以观光为主、休闲为辅。在旅游环境容量中，包含日空间容量和日设施容量，这两种容量是衡量旅游环境质量的标准，在规划通则中有所表现。学者认为衡量旅游环境质量与评价旅游行业的不仅仅是旅游环境容量，还有生态环境容量、社会心理容量、空间容量和设施容量。在观光景区中，计算这些容量的数值对于计算旅游收入十分重要。

其二，旅游行业的专业人员在建设旅游基础设施或者评价旅游环境质量时，应该考虑景点的空间结构。因此，旅游环境容量就成了决定性因素，研究者应该重点研究旅游环境容量这个因素。在国内一些偏僻的山村，进出口极小甚至不为人知，这就成了致命的瓶颈问题。在进行估算时，容易造成误差。因此，研究者在研究旅游环境容量问题时应该将这一问题包含进去，成为主要问题进行专业研究。

学者在这一基础上也提出了其他的测算方法，常用的测算方法包括线路容量法、卡口法等。这些方法都能够对旅游环境容量进行计算。

（3）环境保护措施。中国发展乡村旅游行业是对旅游行业的认可，认为发展旅游行业能够创造经济效益。但是在开发新景点时也要考虑到环境保护的问题。

第一，开发景点要考虑合理利用土地，关注当地的自然资源，将该地区的重点因素考虑进去，合理分配土地。

第二，乡村风貌的维护。在乡村旅游行业中，最吸引人的要数乡村的自然景观，而乡村自然景观是由一些自然建筑及乡村的环境和多种村落构成的，具有观赏价值。我国发展乡村旅游行业既注重乡村自然景观，也注重乡村的聚落。在我国，乡村聚落分为多种类型，其中以集聚型为主，在集聚型的乡村聚落中，多以带状和环状村落为主。环形的村落在乡村聚落存在已久，是农村聚落的主要类型，在聚落兴起时，主要有帐篷、水村土楼和窑洞构成（熊凯，1999）。在农村居民采用以上不同的形式来搭建自家房屋，因此形成了不同的房屋景观，也就成了乡村的自然景观，这种建筑布局在乡村最为常见。

由于这种建筑布局的特殊性，因此在建造时要得到政府的指令，对于建造房屋有严格的要求，政府要求群众思想统一进行整体规划、建造自用房屋时不但要听从政府要求，还要与时俱进，再依据当地特色，建造出有典型意义的房屋。政府方面要时刻督促村民建造，在建造自家房屋时，要注意不要破坏生态环境。

村民在建造村内景观或者自用房屋时，必须依据上级领导指示，具体是依据村级以上的审查部门批准后才可动工。建造任何建筑都要向村级以上审查部门送去需要审查的资料，其中包括建筑的风格、面积及位置等。资料的完整与否关系着是否能够获得批准，因此，村民在建造建筑时要将资料准备齐全。在区域内开展经营活动是村民获得利润的有效方式。

第三，乡村旅游环境管理体系规划。国家开展乡村旅游行业必定对其有一套完整的规划体系。完整的规划体系能够有效地帮助国家顺利实施乡村旅游行业。在这个体系中主要包括旅游开发区、环境管理方针、环境管理机构的设置、环境管理规划方案、环境监测等。这五种类型共同构成了完整的管理体系，并在乡村旅游行业中起到了非常重要的作用。政府依据这五种类型督促村民加快脚步建设乡村旅游行业，促进经济增长。国家在开展乡村旅游行业时要注意对传统文化的保护，还要注意保护生态环境。在此基础上要照顾农民自主经营的旅游业，促进经济增长。只有这样，村民才会自主保护生态环境，才会产生保护意识。只有这样，乡村旅游业才能持续稳定地发展。

4. 规划实施的保障体系

国家开展乡村旅游行业意在宣传中国传统文化，宣传农村文化，将乡村文化普及，同时创造收入。在旅游行业中，需要有一定的规划保障体系，这种保障体系能够保证旅游行业的开展。这种规划体系是基于经济学而形成的，从经济学的价值角度出发，制定相应的旅游管理规划能够有效帮助旅游行业顺利发展，乡村旅游行业能够给居民和国家带来经济效益。因此，国家大力开展乡村旅游行业。

乡村旅游行业中带来利益的主要对象有以下几种。

其一，政府部门。主要是指当地的旅游管理部门和当地政府。当地政府关注当地旅游业的情况，然而当地的旅游管理部门的关注程度和该地旅游行业的发展程度是息息相关的，也就是说该地的旅游行业发展得越快，则引起的关注度就越高。以贵州巴拉河自然景观为主，巴拉河拥有极具特色的秀丽山水和风光，再加上当地的传统文化，形成了独具魅力的自然贵州景观，引来了全国各地人民前来观赏。因此，国家政府决定将贵州自然景区列为《贵州省旅游发展总体规划》中，并成为全国九个旅游示范项目其中之一。在这其中，国家和政府的参与起到了重要的作用，是贵州旅游景区项目的策划者和主导者。

其二，公众。主要是当地居民、游客。国家开展乡村旅游行业就要吸引更多的游客前来观赏，鼓励居民参与到这一行业中来。在乡村旅游行业中，值得观赏和观看的分别是乡村自然景观和乡村人的日常生活。这是对传统文化的尊重，同时也宣传了中国传统的农村文化。随着旅游行业的顺利开展，越来越多的游客参与到旅游行业当中来，有较高素质的游客提出要规划旅游行业。因此，国家政府决定出台相关方案来规划旅游行业，在政府出台的方案中包含游客的需求和服务。

其三，旅游企业及投资方。乡村旅游行业的开展对旅游企业及投资方十分有利，由于乡村旅游行业开展之初由政府出资进行补贴，政府鼓励企业投资乡村旅游行业，因此对投资乡村旅游行业的企业给予优惠政策，如银行贷款额度放款等。这一重大举措吸引了来自全国各地的旅游投资方前来投资。

其四，规划团队。在乡村旅游行业中，国家要求需要有规划团队。这个团队主要起沟通搭建的作用，是不同利益主体的桥梁，对于这个团队的构建国家给出了很多的构建方案。这个团队能够促进不同利益主体之间的合作，还能激励主体向前发展。从另外一个角度看，要想看一个地区是否具有旅游天赋，就要掌握该地的资源数据、文化数据。通过实践经验来看，规划团队具备这种潜能，因此能够给予旅游行业实际有效的意见，能够帮助旅游行业规避错误（石美玉，2004）。

在乡村旅游行业中，涉及的利益主体容易造成矛盾和冲突，以至于规划不能顺利实施，其主要矛盾有以下几点。

（1）旅游企业及投资方与旅游规划的矛盾

当前，乡村旅游行业存在旅游企业投资方与旅游规划之间的矛盾，其主要表现有：国家开展乡村旅游行业对社区居民是十分有利的，也为国家带来了巨大的经济收益。在国家统一管理的基础上，地区政府又出台了相关政策，为了扩大经营，地方政府又将旅游公司租赁给外来投资方，一方面是为了创造更多的利益，另一方面是为了方便管理。久而久之，就造成了村民就业困难的局面，因为外来投资方在承包旅游业务时带来了许多原始员工，故而就不需要本地人的加入，所以大大降低了居民的收入。然而国家开展乡村旅游行业的目的是提高城乡居民的年收入、提高居民的生活品质。地区政府的这一措施极大地违反了国家开展乡村旅游行业的初衷及规划。这种矛盾的具体案例从宏村来看，宏村的旅游行业就是经过地区政府介绍给外来投资方的，投资方进行规划后，裁掉了很多村内的居民。村民也很少参与到旅游行业中来，以2000年宏村旅游景点门票收入为例，2000年总收入为140万，然而到居民手中总数才3万。也就是说，宏村的居民人均收入才70多元。这一情况受到当地村民的强烈反应。他们大多通过上诉的形式来反应给当地政府，要求拿回自己的经营权，要求自主经营，提高个人收入（李凡，金忠）。

（2）当地居民与旅游规划的矛盾。国家开展乡村旅游行业的初衷是要认真规划，一方面为国家创造巨大利润，另一方面提高居民收入，宣传农村的传统文化，国家还希望农民通过自主经营来创造收益。但是由于乡村居民素质偏低，常常为了利益而不惜破坏生态环境，欺骗游客的现象时常发生。

为了杜绝这一情况的发生，政府决定采取以下措施。

其一，设计多重决策权力平衡的制度。政府要采取干预政策，利用三分规划，七分管理的措施，具体为：应该将规划乡村旅游行业的权利交给有能力的人。这个主角在国家给予规划方案时起到非常重要的作用，主角通过国内乡村旅游行业来制定相关政策，制定的政策符合国家标准，符合该地区旅游行业发展规律。担当这个地区的管理主角应该依据事实而变换政策，灵活、随机应变。不管国内环境和局势如何改变，都应该万变不离其宗，主角应该因地制宜，平衡各方利益，提高居民收入，采用接近透明化的手段，让村民看到一个良好的乡村旅游行业发展的局面。在这种情况下，居民也应该全力配合，在国家政府政策的号召下，努力发展乡村旅游行业，使其能够长期稳定发展。

其二，处理好与社区之间的关系。国内开展乡村旅游行业，一方面是为了增加居民收入，宣传乡村文化；另一方面是为了使国家的 GDP 迅速增长。如何发展乡村旅游行业，这就要求地区政府合理运用互动机制，鼓励居民多多参与到旅游活动项目中，鼓励居民自主经营。这样不但能够提高居民的文化修养，还能够解决一大部分居民就业难的问题。居民在参加乡村旅游活动项目前，村内自行组织培训活动，培训村民基本的经营技能，同时，居民也应该积极向上，参加到旅游活动项目中来。

（五）乡村旅游发展规划理论研究

国家和政府在规划旅游行业时也对乡村旅游行业进行了详细的规划、在乡村旅游行业中包含一系列理论，这些理论共同形成了通识理论体系，其中有理论基础、基础理论、核心理论等，如图 4-3 所示。

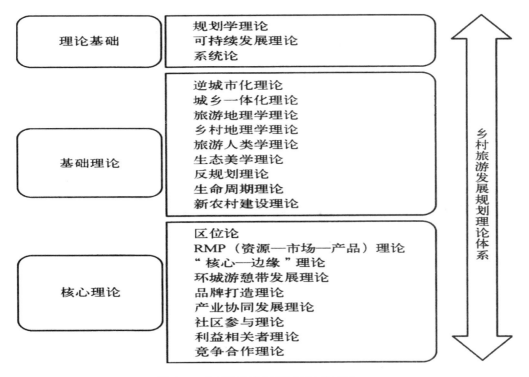

图 4-3　乡村旅游发展规划理论体系图

1. 理论基础

（1）规划学理论。乡村旅游行业的理论基础是规划学理论。在规划学理论中，涵盖了包括乡村旅游的规划方向，还包含了规划学理论的形成过程，这是一门新兴的学科。在广义管理学中，规划学理论是其分支，且是重要的分支。规划学理论长期存在于乡村旅游行业中并发展。学者认为研究规划学必须从以下三个方面做起。

其一，广义管理学中的规划学是指要从某一方向研究，研究的目的以及作用。规划学是乡村旅游行业的蓝图，因此，研究它的战略目标十分有意义。在乡村旅游行业中，规划学是十分重要的一部分。

其二，规划学所历经的研究过程。这一过程对研究规划学十分有必要。制订周密的规划方案则必须要经过规划学的推敲，在程序进行时要依据以下十个步骤。①确定规划的对象，对规划的对象做一系列的市场调查。经过一系列调查后，确定历史和当前现状。掌握规划对象的资料及研究数据，在这一基础上提出新的问题。②通过掌握的资料，来判断规划对象的所属，再和之前的对象进行反复对比，得出相关结论。③规划学所历经的过程需要有软科学家的参与，软科学家经过大量数据分析得出相关结论后提出新的创意和想法。④在得出一系列想法后，软科学家根据所得出的多种结果和想法来进行反复比较，以便于提出重大建议和结论，从而大胆构思、提出想法。提出想法后，听取乡村旅游行业专业人士的评价。⑤收集行业内部专业人士的意见，也可依据居民意见，做到民主。发动群众参与到提出建议的工作中来。⑥在相关专业人士和人民群众给予一定意见后，软科学家综合学者和群众的意见，制订一套适合乡村旅游行业发展的方案和战略。⑦在行业内形成良好的效应，邀请诸多学者和研究者共同商讨乡村旅游行业发展战略，并形成初步想法。⑧在征集、确定意见后，实行草案，草案要经过反复不断地修改，不足的地方要进行补充。⑨在确定了初步想法后，有专门的领导班子对想法进行审核，审核过后，将草案送至相关部门进行审批，审批通过即可实施。⑩审批通过后，进入正式工作阶段。

其三，研究规划制定的方法。在制订规划方案时要根据一定的方法，在研究规划制定的方法时要将定性和定量融合进去。研究者要根据这种定性与定量结合的方法来确定规划方案，这种方法仅适用于乡村旅游行业的规划。规划的方案具有科学性和合理性。

定性与定量结合的方法适用于规划学，是规划学中最重要的分支，这种方法的运用使规划学更加规范和科学，在乡村旅游行业中使用这种方法能够使行业更加稳定地发展。同时，将规划学理论全部融入乡村旅游行业中，把握方向、贯穿思维能够使乡村旅游行业更上一层楼。

（2）可持续发展理论。我国是社会主义国家，而非资本主义国家，因此提出可持续发展的重要战略，这种战略适用于国家市场经济，也同样适用于乡村旅游行业，如今国家大力支持乡村旅游行业发展，认为旅游行业，特别是乡村旅游行业应该走可持续发展道路，这个想法之初有一个前期预兆，是世界环境与发展委员会在1987年颁布的《我们共同的未来》提出为了满足人类精神文明需要，因此提出可持续发展战略，这个战略在乡村旅游行业中同样适用。提出在发展乡村旅游行业时，也要注意生态环境的保护。在可持续发展内涵中包含经济、生态、社会可持续发展，在这三方面的可持续发展中，人类能够共同营造一个美好的生态环境。

在可持续发展战略中，包含乡村旅游行业的可持续发展，其具体为：让乡村旅游行业成为社会活动，让旅游行业经济、生态都能合理发展。可持续发展战略能够帮助乡村旅游行业成为行业龙头。可持续发展战略也能够帮助旅游资源可以持续利用，也就是说，旅游行业要想快速稳定发展，就要依靠可持续发展战略。保护生态平衡、保护生态环境是旅游行业的初衷。在创造经济利益的同时，要保护生态环境是当今旅游业的中心思想。在乡村旅游行业中，可持续发展战略还可以帮助农民提高经济收入，落后的农村依靠这种战略能够使其快速发展。可持续发展战略是农村居民改变经济现状的重要想法，在发展乡村旅游行业中，具体表现为要发展乡村生态、文化及经济等。这三方面能够使乡村旅游行业快速发展，能够从根本上提高居民收入。

（3）系统论理论。在乡村旅游行业中，认为系统论理论是行业发展的核心理论。系统理论中包含多个组合体，这些组合体共同形成了系统论，这些组合体相互关联发挥作用。系统论理论具有一些基本特征，具体有：①整体性。尽管系统论理论是由多个组合体合成的，但是它们大多相互关联，因此说系统论理论具有整体性。②有机关联性。系统论理论中的组合体尽管组合多样，但是彼此关联，具体是组合体内部的因素之间相互关联发挥效应，使系统论更加具有完整性。③系统的动态性。系统论中的组合体合成具有动态性，因其内部因素随时间条件而改变其动态，使系统论中的组合体都能独立工作，这些因素的动态变化能够使系统论更加完整。系统论在调节过程中因其内部因素动态变化而明显增强。④有序性。在系统论的延伸与发展中，发展状态从无序到有序。这样富有逻辑的系统论能够帮助乡村旅游行业快速发展。⑤预决性。系统论具有预决性。尽管系统论是按一定程度发展的，但是发展状况也要根据实际状态而定。对于未来的发展方向，要时刻把握乡村旅游行业的发展状况。系统论要根据原有理论和现实理论，二者结合统一。

2. 基础理论

（1）逆城市化理论。随着现代科学技术的发展，城市化越来越明显，原因是如今中国重视工业发展。如今中国农村人口逐渐向城市大面积迁移，这种现象已成了时下最流行的现象。学者认为，农村人口大面积迁移到城市是必然趋势，随着改革开放脚步的不断迈进，人口素质要提高、落后的农村要发展，因此造成了这样一个自然的历史过程，这个过程主要包括两方面含义：其一，在人口迁移的过程中，经济状态有所改变。所谓动态经济，也就是经济在市场上有所变化，在这一方面主要是指非农产业，从人口转移到城市，农村产业成为非农产业，农村劳动力成了非农劳动力，非农产业和非农劳动力在国民经济中所占的比例属于动态经济的范围；其二，社会性质的变迁。农村人口不断向城市迁移，也就是说农村人完成了一个质的转变，农村人逐渐成了城里人，这就完成了社会性质的变迁过程，这个过程也就是中国经济的转变过程。

（2）城乡一体化理论。中国国土面积辽阔，是世界国土面积最大的国家之一，组成国土面积主要是城市面积和农村面积。自改革开放以来，中国加快了经济改革的脚步，对于一些重工业城市，国家要求出台相关政策，势必要将中国经济发展起来，在国家注重发展城市方面的同时，忽略了农村经济的发展，国家注重发展城市经济，决心要开展改革经济的工作，并因此忽略了改革农村经济，造成了两极分化的局面。如今，我国经济面临城乡二元结构，这已经成为我国经济发展的阻碍。针对这一问题，我国政府要出台相关政策改变农村经济的现状，主要措施是以城带乡、协调发展，走优势互补、城乡一体化路线。这样的方式能够统筹兼顾，拉近城乡距离、促进经济发展。对于统筹兼顾，政府也明确表态，要促进城乡发展，拉近城乡居民关系，让优秀的文化传承到乡下去，以提高村民素质。

（3）旅游地理学理论。国家大力开展乡村旅游行业，目的是想让乡村经济快速发展，也想通过发展乡村旅游行业来为国家创造收入。总体而言，发展乡村旅游行业势在必行。然而乡村旅游行业也自成体系，它利用旅游地理学理论来规划旅游行业，使旅游行业更加充分得当，旅游地理学理论还被称为娱乐地理学，娱乐也就是旅游活动项目，这里包括观光、娱乐等。这样的项目能够使人身心都能得到放松。如今的旅游地理学发展广泛，包含了社会学、民俗学、考古学、历史学、建筑学、经济学在内的多种学科，这些学科共同构建了旅游地理学理论，并被旅游行业广泛应用。

旅游地理学理论也经历了一个漫长的阶段，起初是在20世纪40年代，艾塞林、迪赛对这一理论进行了深入研究。随后更有多数学者参与到研究中，在20世纪50年代德国地理学家哈恩具体研究这一旅游地理学理论，哈恩从游客的旅游目的和性质为研究关键，并提出了一些合理化问题，这些问题对于以后学者研究旅游理论学提供了理论基础。在50年代期间，学者研究这一理论所写著作多以描述旅游胜地为主，并没有相关理论。但是到了60年代，旅游地理学理论才被深度挖掘。人们在70年代就开始了对中海沿岸等地的研究，并根据区域特点成功规划建设，建设的这些旅游景点多为居民创造了巨大收益。届时更有联合国地理大会召开，对旅游地理学理论做出合理讲述。

对于旅游地理学理论，也有着明确的阐述：旅游地理学理论是为乡村旅游行业服务的，乡村旅游行业的发展基于旅游地理学理论。旅游地理学理论是对旅游资源的分布、分类进行评价，这个理论还适用于旅游规划方案，这一理论还可以评价旅游行业带来的好处。总之，这一理论是对乡村旅游行业极为有利的。

（4）乡村地理学理论。近年来，国家大力发展乡村旅游行业，认为发展乡村经济就要从乡村旅游行业抓起，中国是农业大国，因此，中国国家领导人十分重视农村经济的发展，认为提高人民收入是当前中国政府的首要工作。

在乡村旅游行业中，乡村地理学对此非常实用，乡村地理学别名乡村聚落地理。所谓聚落，是指乡村每户人家的自用房屋建筑风格不同，因此造就了聚落。如果将乡村作为重点对象去分析，那么就要研究乡村的地形、地貌和乡村发展演变的过程。乡村聚落是通过合理的布局形成的，在乡村地域类型、功能分区、乡村人口职业构成等方面具有重要的研究意义。乡村聚落有其内在的规律，在国际和国内学者的众多研究中认为乡村聚落是乡村文化发展的必然趋势。在19世纪由法国地理学家白兰地、白吕纳组成研究团队，共同研究乡村聚落的类型，在研究乡村聚落类型中也对乡村景观进一步研究。对于乡村聚落的研究，法国学者乔治的《乡村地理学概论》有所提及，并且，乡村地理学这一名词是在这一书中产生的。在乡村地理学的产生过程中，德国农业与地理学家韦伯和奥特巴伦也对此做出了巨大的努力。总的来说，乡村地理学是研究乡村地理地貌和自然景观的，乡村地理学服务于乡村旅游行业，地方政府可根据乡村地理学来规划旅游行业。乡村地理学作为地理学科的分支，能够将农村经济和市场经济紧密地结合起来，地方政府可根据这一理论来制定一套适合该地区发展的政策。乡村地理学主要由乡村资源、社会、经济、文化及生态环境组合，这些方面共同构成了乡村地理学，乡村地理学的研究已经深入乡村旅游行业，并为中国旅游行业开疆拓土。

（5）旅游人类学理论。在广义上来说，旅游人类学是属于人类学的范畴，将旅游行业加入人类学的概念里，可见旅游行业，特别是乡村旅游行业，在中国旅游行业中显得格外重要。旅游人类学在形成的过程中也经历了艰难险阻。

在众多研究旅游人类学理论的学者里，较为突出的学者申葆嘉（1999）总结了一些关于旅游人类学的概念，并将这个概念以完整的理论阐述出来，这是人类史上第一次将旅游加到人类学的概念中，从此旅游成了一项最具有人性化的行业。学者在1999年认为这个理论的雏形出现最早是在1989年以前，旅游行业以接待游客为主，久而久之行业现象就变成了市场现象，变成了主要现象。目前，旅游行业作为中国经济的顶梁柱，在中国市场经济中发挥着重要的作用。为此学者Nash（2004）在其著作《旅游人类学》中认为，旅游人类学之所以能长期存在于中国市场经济中，主要有三点论据：旅游文化是一种文化内涵和社会现象；旅游文化是中国经济的上层建筑；对于个人研究来说，旅游文化是一个重要的研究课题。

3. 核心理论

（1）区位论理论。区位是作为空间科学——地理学的核心概念之一。追本溯源，区位一词来源于德语"standort"，英文于1886年译为"location"，即位置、区位、场所之意，我国译成区位。区位，一方面是指该事物实际的空间位置，另一方面是指该事物与其他事物的空间的相互关系。这种相互关系无外乎两大类：一是与自然环境的联系；二是与社会经济环境的联系。因此，区位也可以进一步划分为自然区位、交通区位、政治区位、旅游区位、生态区位及认知区位等。除此之外，区位还可以根据空间尺度的不同，分为宏观区位、中观区位和微观区位。

第一，自然区位。主要是指该地区的自然地理位置（如经纬度位置、气候地带性、自然地理单元等）及与周边地区的空间距离等。

自然区位是区位的最本源含义，对于旅游开发具有重要的意义。首先，自然区位决定了某些地区独有的旅游资源的分布，如气候旅游资源。其次，自然区位特别是是否同属某一特定的自然地理单元，是区域旅游合作的基础。例如，同属鸭绿江流域和大长白山地区的通化、白山与丹东，可谓山同脉、水同源。而自然和文化本是相辅相成的，因此，彼此之间天然的自然和文化联系使其便于在区域旅游开发中实现整合开发。这是其开展合作的良好基础。

第二，交通区位。交通区位，一般是指一个区域内外联系的通达性和可接近性。它是旅游目的地可进入性的重要指标。越是接近高等级的交通枢纽或干线，交通区位越好。此外，与区外主要旅游景区的连通性如何也决定了未来区域旅游合作、整合开发是否能够实现。

当然，随着交通线路的建设，特别是国家级或区域级重要交通走廊的建设，交通区位也随之不断发生变化。因此，在规划实践中要及时了解相关交通规划，才能在交通区位的分析中打好适当的提前量。

需要指出的是，不同等级的道路交通线路对交通区位的影响是不同的。特别是高速公路对区位影响的认知方面尚存在一定的误区，认为交通线路等级越高，交通区位越好。然而，实际情况并非如此。因为高速公路是大尺度空间范围内的干线交通，其目的在于将众多经济发达、人口众多的地区连接起来，缩短彼此沟通的时间距离。对于某一特定地区的旅游开发而言，它是一把双刃剑。开发得好，可发挥其积极效应，将更多的旅游者吸引至此，但若开发层次过低，与周边没有形成差异化竞争，则很有可能发挥消极作用，将自身原有旅游客源市场吸引至同一高速公路相连的其他地区，由于高速公路的存在，彼此之间的时间距离几乎可以忽略。

第三，政治区位。主要是指该区域与周边双边经贸关系、地缘政治格局如何。这主要对于一些分布在边境地区旅游地的开发更有意义。战争及双边关系紧张对旅游产业的打击是显而易见的。

第四，旅游区位。主要是指该地区与国家级、省级重点旅游景区（功能区或旅游产业带）的空间关系如何。一般而言，邻近国家级的重点旅游区有利于该地区旅游产业实现借势出击。另一方面，如果不将旅游形象或开发方向与邻近的高等级旅游景区保持适当的差异化竞争策略，也有可能因为邻近著名的旅游景区而产生屏蔽效应。例如，王衍用（1993）在《孟子故里旅游开发战略研究》中分析了同类旅游地存在一定的竞争关系，认为自由级别高的旅游地对自由级别低的旅游地发展带来负面影响，首次提出"阴影区"的概念，逐渐发展成为后来的"阴影理论"。

第五，认知区位。认知区位是客源地旅客对旅游产品的认同感及观赏心理，是一种较为抽象的心理认知感受，主要表现为客源地居民对旅游产品的认知程度和认同感。显然，这种认知区位的分析只能通过抽样调查来获得。准确而全面地对所在地区位进行剖析，并绘制区位图，是条件分析的重要组成部分。这为后续的旅游市场开发、优劣势分析、发展战略制定提供基础和依据。

区位论应用到乡村旅游发展规划中，就是通过对规划地的区位条件的调查分析，确定规划地与周边地区的关系，从而对明确乡村旅游地发展的前景起到一定的辅助作用。

（2）产业协同发展理论。国家大力发展乡村旅游业，其目的是通过发展乡村旅游业来使国家 GDP 迅速增长，同时也能加快农村发展进程。国家在发展乡村旅游业的同时，提出了具体的规划措施，并认为乡村旅游业发展规划的核心为：要对其相关产业做出具体安排，从而发展乡村旅游行业。

（3）社区参与理论。国家要想使乡村旅游行业迅速发展起来，就要做好乡村居民的工作，要给居民讲述发展乡村旅游行业的好处，特别是在提高居民收入方面，要求当地居民要保护当地文化，改造当地自然景观，成为当地文化的传播者和继承者，大力弘扬当地文化。鼓励居民参加自主经营活动，将自家房屋搭建成为乡村旅馆，为游客提供住宿。政府要鼓励居民全面参与到乡村旅游行业的发展中来，这是衡量一个地区旅游行业发展程度的重要标志。全面参与的内容分为多种，其中包括由政府宣传组织、居民自发组织、群体参与等。居民参加乡村旅游行业时，要注意：第一，要注重要将理论和实际相结合，具体规划乡村旅游行业，在发展行业的同时推动社会进步；第二，居民在发展乡村旅游行业的同时要注意环境保护，在政府政策的引导下大力发展乡村旅游行业。

政府在规划乡村旅游行业时要将居民的建议增加进去，采用居民的想法和态度，以保证居民的参加数量。要想大力发展乡村旅游行业，就要从保护生态环境开始，以地区为一个单位，在地区内建立利益分配体系，使每个居民的收入都能够均等，政府要鼓励居民主动参与到这一行业中来。这样的方式能够推进社会快速发展，使国家 GDP 快速增长。

（4）利益相关者理论。乡村旅游行业能够使一部分人先富裕起来，与乡村旅游行业息息相关的利益主体是乡村居民，利益相关者源自"stake"，在这个名词中包含利益和主张的概念。这个名词的特殊含义是指主体的利益或者份额。利益相关者作为权利的主张，最早出现在 1963 年，出现的地点在斯坦福研究所，在研究所中，研究者首次使用了这个词语。根据学者的多方探讨，在 1984 年，弗里曼首次对利益相关者进行了深层次的解释，学者认为利益相关者可以影响任意对象，利益相关者也可以影响一个团体或者个人，这个名词在乡村旅游行业中同样适用。

无论是自主经营的乡村旅游行业，还是由政府组建的乡村旅游模式，都是由多个部门组成的。部门成员来自不同的行业，有着不同的专业技术，这就成就了乡村旅游行业的多样性。这些部门成员都有着不同的目的，在总体利益相同时，分级目的各显不同。然而，这些成员的利益又是交错纵横的，随着新型的旅游模式的不断涌现，行业内对这些部门成员也提出了一系列新的要求。这些要求具有新型的效应，具有较强的竞争力。

相关利益者理论对于发展乡村旅游行业十分有利，这一理论一经提出就迅速被世界旅游组织制定成《全球旅游伦理规范》，利益相关者也被广泛应用在旅游行业，甚至乡村旅游行业中，因在旅游中被长期使用，故而产生了新的名词，旅游相关利益者。旅游相关利益者的理论能够规范乡村旅游行业，促进乡村旅游行业发展，旅游行业能使一部分类型人群收益，如政府、旅游投资者、政府部门、居民等，这一理论的提出受到了当地政府的追捧，一时间风靡全国。

综上所述，与旅游利益相关的政府、个人等在这一行业发挥了重要的作用，使乡村旅游迅速发展的原因是这些利益相关者为了得到相应的利益，开始对旅游行业实行具体的措施，并且迅速落实到位，因这些利益相关者的利益点不同，因此造成了乡村旅游行业的多样性。但是最终目的都使乡村旅游行业得到了稳定的发展。

在国家发展乡村旅游行业的同时，政府也要注重对环境的保护和对土地的使用，政府要出台一系列相关政策来保护生态环境。在政府实行的政策中，政府在规范乡村旅游行业时要注意规避政府干预和居民规划之间的矛盾，保证旅游产品的顺利诞生，促进乡村旅游行业城市化发展，认真分配每一个主体的权利和利益，在分配的同时，注意利益均等化理论，分配过程要尊重利益相关者理论。鼓励全民参与到乡村旅游行业中来，国家和政府在发展乡村旅游行业的同时不要盲目发展，首先要明确发展旅游行业的目的、作用和意义，协调每一个主体的关系，让每一个主体都能雨露均沾，使其能够为乡村旅游行业尽心竭力。

发展乡村旅游行业，就要注意分配和合理运用旅游资源，对旅游资源进行整理，将其整合成适合该地区发展的旅游资源。在乡村旅游行业中，最重要的资源就是生态环境，政府要求在发展乡村旅游行业的同时要注意对生态环境的保护。因为全国各地的乡村性质不同，有些生态环境还是居民的居住地，所以属于居民的私人财产。在居民中，绝大多数人表示要发展乡村旅游行业，要遵循政府制度来完成乡村旅游业的规划，村民的全力配合让乡村旅游业能够顺利发展。这是中国旅游业一个伟大的壮举。

（5）竞争合作理论。无论是居民自主经营乡村旅游行业，还是政府组织部门建立乡村旅行社，其核心规划方案都是要与外界地区取得联系，与其他地区竞争的条件下，也要实现共赢的目的，因每个地区的自然条件不同，在不同的背景下衍生出来的合作条件也就不同。竞争与合作是当前中国乡村旅游行业的必经之路，乡村旅游行业要想持续发展，就要依据竞争合作理论。所谓竞争合作理论，阐述的是两方面理论，一方面是竞争；另一方面是合作。竞争与合作在乡村旅游行业中占据重要地位。这两方面的理论基础是基于乡村旅游行业的，讲述了旅游地域分布理论、竞争优势理论等。可以说优势竞争理论是乡村旅游的基础理论。优势竞争能够提醒该地区乡村旅游业要向前发展，该地旅游区的发展要依靠强大的优势竞争理论来全面协调，再加上政府干预，该地也依靠本地居民认真规划来发展乡村旅游行业。

乡村旅游行业主要推荐大尺度空间的旅游项目，这类型的旅游项目有很多典型旅游景区，然而这些旅游景区之间都存在着必然的竞争联系，在多种竞争关系中也衍生了合作共赢的关系。这些旅游景区与其他普通景区不同，大尺度的旅游景区在政府的干预下应形成一定的规模，在合作竞争理论中要体现出优势，其实无论是普通景区还是大尺度的旅游景区都应该依据竞争合作理论来协调两者之间的关系。

（六）乡村旅游发展规划编制方法研究

1. 乡村旅游发展规划编制方法

政府出台一系列相关政策，不但要求居民参与，还要求其遵循旅游行业内在的逻辑关系，依照政府政策来编制乡村旅游发展规划方案。政府在规划乡村旅游行业中指出，要制定基本步骤，制定基本方针。由于乡村旅游行业有其独到性，在空间分布看来，具有分散性。另外，乡村旅游行业品位独特，是一般旅游行业所不能比拟的，由于其存在的特殊性，还因为政府出台政策扶持乡村旅游行业，以至于乡村旅游行业在近年来发展迅速。在国内也有许多学者对乡村旅游行业进行规范研究，学者的研究策略对以后研究乡村旅游行业提供了参考方向和参考资料。

乡村旅游行业在近年来的旅游行业中发展尤为突出，学者将居民及政府提出的规划路线进行系统的整理、整合及提取。然而这些基本步骤仍然满足不了日益发展的乡村旅游行业的发展，乡村旅游行业若想持续发展就要依靠宏观市场的调节，以弥补乡村旅游行业的不足。

（1）编制技术路线。第一，基础分析。国家要想大力发展乡村旅游行业，就要按照步骤进行分析，在实行措施之前，应该对乡村旅游行业进行初步分析，针对乡村旅游行业，政府首先是要了解国内地区乡村旅游自然景观等基础条件，或者针对同一地区来制订发展的方案。制订方案前，要根据宏观市场的状态，乡村旅游行业的宏观背景包括乡村旅游发展背景认知、区域环境研究与乡村旅游业发展分析、乡村旅游发展资源评价四个方面。依据这四个方面来制定宏观政策，政府还要根据乡村旅游行业形成的背景来实施规划方案，最后形成一个合理的方案，居民及政府也可以按照步骤实行，居民对这个实施方案要有一个全面的认识，才能更好地使乡村旅游行业发展起来。

第二，战略运筹与开发布局。在了解乡村旅游行业的环境和布局之后，政府还要了解当今市场经济的状况，时刻遵循马克思主义来贯彻执行，建设具有中国特色社会主义的乡村旅游行业，制定基本原则，审时度势。对于乡村旅游行业来讲，制定乡村旅游行业的战略与开发布局有利于乡村旅游行业的顺利发展。政府要依据当前乡村旅游行业的状况制定具有社会主义特色的乡村旅游发展路线，制定基本目标和原则，依据原则和政策来确定主要战略和措施。对于乡村旅游行业的开发布局，要打造具有该地区的乡村旅游品牌，建设具有特色社会主义体系的乡村旅游路线，着重品牌建设，提出重大战略方案。

第三，保障支撑。要时刻以政府作为重要支撑，遵循政府的干预政策，依据政策来实施乡村旅游发展规划。在建设特色社会主义的道路上，若想持续发展，就要依据国家政策，将重大工程放在乡村旅游行业项目上。居民要全面参与到乡村旅游行业的建设中来，借鉴其他地区的优势，加强宣传力度，宣传该地区特色景观，以保护该地区的生态环境。

（2）编制方法。发展乡村旅游行业要注重编制方法，最重要的就是编制流程。掌握编制流程，就能更好地编制出乡村旅游行业的发展路线。在国内，研究发展乡村旅游规划路线的学者少之又少，对于研究乡村旅游路线的编制方法的成果更是寥寥无几。然而在研究过程中，学者找到了编制乡村旅游路线的编制流程，编制乡村旅游路线的流程对乡村旅游行业发展十分重要，它既区别于传统的旅游规划，又将传统的旅游策划方案融合，形成了独特的编制体系，具有中国特色的社会主义。在本书，笔者详细介绍了编制乡村旅游发展路线的方法，也借鉴了许多国外学者的研究经验，综合了东西方的文化，形成了具有中国特色社会主义的编制流程体系。

国家政府出台一系列相关政策来保证乡村旅游行业的发展，因此对于编制流程十分重视。在编制流程前，首先要了解乡村旅游行业的市场，进行规划准备，继而进行一番调研考察，最后形成初稿，初稿形成后要征求居民意见然后要送审，送审前要对送审稿进行完善，送审通过后要将最终的规划成果提交评审，结果写进终稿里，最后依据终稿实行方案。乡村旅游行业实施方案的八个阶段是对该行业的认可。

第一，规划准备阶段。作为重点规划的第一阶段，也是乡村旅游行业规划发展的第一个重要环节，这一阶段起着尤为重要的作用。这一阶段的主要工作任务是研究乡村旅游行业的发展前景，针对一个地区，研究该地区的自然景观的现状、经济发展状况等。学者要对这些信息进行搜集、整理及整合，形成初步规划。在实施规划的过程中，选择优秀的编制人员作为研究小组的成员，这些成员能够给乡村旅游行业带来新的发展理念。

第二，调研考察阶段。在第一阶段顺利进行后，接下来开展第二阶段的工作。第二阶段主要是将第一阶段研究小组搜集整理好的资料递交给相关部门进行考察，负责资料审查的部门包括政府在内的部门。这些部门进行一番研究探讨之后，对工作进行安排，同时派遣专员下农村考察。

第三，初稿完成阶段。前两项工作的顺利实施可以保证初稿的完成。作为乡村旅游行业发展规划的重要环节，初稿阶段发挥着重要的作用。政府部门对提交上来的资料进行一番调查，再下农村走访考察，在考察过后，根据所形成的数据、各项资料进行充分整理，再将这些资料的核心归纳提炼出来。掌握乡村旅游行业的发展目标，对其战略方针进行定位。适当对初稿进行调整，调整依据根据市场宏观调控。形成乡村旅游行业产品体系，再将政府的干预政策融合进去，让旅游行业得到进一步发展。

第四，征求意见稿完成阶段。政府部门搜集资料完成初稿后，需要对初稿进行再次审查，初稿完成后还需要跟当地部门，如环保局、规划局、国土局及当地居民共同协商，制定出一套完整的、适合乡村旅游行业发展的意见。

第五，规划中期评审阶段。在征求了当地各部门及当地居民的意见后，政府部门需要对这些意见进行整理，届时邀请行业内专家学者，召开一次关于乡村旅游行业大会，与会人员包括专家学者，也包括政府部门，也要邀请村民代表来听取会议内容，以便让这些专业学者对规划进行评审。

第六，送审稿完善阶段。在进行规划中期评审阶段后，需要对稿件进行再次完善，有关部门和行业内人士应该仔细阅读稿件，结合当前旅游行业的发展格局，提出在规划阶段的不足之处，予以补充。在一些需要补充的地方，也需要有关部门调取数据，经多次修改才能最终定稿。

第七，规划成果提交评审。定稿后，政府部门需要指派专人将终稿送去评审，提交部门包括上级旅游行政组织，这个组织也要召开一次成果评审大会，与会人员多为行业内专家学者，学者要对送来的稿件进行评审，指出哪些地方不足，最终形成结果。

第八，终稿提交完成。业内学者对稿件进行评审，待送审结果出来后，政府部门将行政旅游组织、评审委员会的意见进行整理，将学者给出的意见补充到稿件中，评审稿几乎不用大动作修改，就可以形成终稿。终稿就是乡村旅游行业的规划成果。旅游地区可根据该规划成果进行合理规划。

2. 乡村旅游发展规划内容研究方法

乡村旅游行业，若想持续稳定发展就要依靠先进的研究方法，研究方法是学者在刻苦地研究后总结出来的新理念，包括在研究过程中发现的新现象，也可以理解为学者在研究过程中的研究手段，这些手段可以帮助乡村旅游行业可持续发展。这些研究方法可以纳入乡村旅游行业的编制部分，这个编制部分对于后来学者研究乡村旅游行业的发展提供了参考资料。研究方法，也可称为战略运筹布局，这个研究方法可以让乡村旅游行业形成完整的体系，研究学者在研究过程中用到的方法可以形成一种战略体系。

（1）区域特征综合分析法。研究学者在研究乡村旅游发展规划时常用区域特征综合分析法，就是根据该旅游地区的地形地貌判断该地是否具有旅游资格，区域综合分析法分析的部分包括该地区的地理位置、交通、经济、文化、旅游等区位，研究学者也对该地区的自然景观进行一番研究。自然景观包括在自然地理特征中，在自然特征中，值得研究的部分包括地理地貌、气候、水资源状况等。对于经纬度、自然特征，学者也要进行一番细致的研究。在人文地理环境中，学者认为研究地理是十分有必要的，人文地理特征包括社会环境和经济发展状况。其主要是对旅游地区的历史文化、人口数量、经济发展水平进行彻头彻尾的研究。取得这些实际数据和研究情况后，将这些资料进行综合整理，进行进一步的分析从而得出结论。

（2）旅游资源与开发条件综合评级法。在本书中，作者从旅游资源分类、旅游资源背景评价和开发条件评价三个方面进行分层次阐述。

旅游资源是旅游地区的重要资源，是判断该地区是否能够开展旅游行业的重要条件。然而，评价旅游资源应该从两方面展开：一方面是从客观物理评价；另一方面是主观认知评价。一般来说，学者研究该地的旅游资源多从客观物理评价方面展开，学者运用客观物理评价法对旅游资源进行具体评价，学者也可根据《旅游资源分类、调查与评价》（GB/T1897-2003）来对旅游资源进行评价，再运用客观物理评价法对旅游资源进行综合评价；另外，对资源进行评价时也要对资源的背景进行综合评价，旅游资源背景多由自然环境、经济环境和社会环境组成，对这些条件进行评价有利于旅游行业的顺利开展。学者在进行旅游资源评价时，要对旅游地的空间结构、投资与建设条件进行评价，以确保旅游资源的合理利用。客观物理评价对评价旅游资源有着非凡的意义，在旅游规划中，也是重要的组成部分，这样的评价不仅为游客负责，也对国家经济发展负责，将多种旅游资源进行综合评价是目前旅游行业的首要工作。

（3）市场预测法。发展乡村旅游行业的前提基础是要调查市场，根据市场经济的发展状况来制定发展政策。学者常用市场预测法来制定发展政策，乡村旅游行业的发展一般是基于客源市场的，而在客源市场中分为两个类型，空间分析法和定量预测法，以下阐述这两种类型分析法。

第一，空间分析法。利用空间分析法来分析当前国内市场，能够很好地把握市场经济的发展方向，在这种方法中是有规律可循的，以暗示市场距离衰减规律。根据距离的远近来判断市场经济的状况。旅游市场是根据距离分配的，距离越近，发展越快，反之则发展较慢。学者就是根据这个定律来判断旅游行业的发展方向的。

第二，定量预测法。在进行市场预测前，学者使用特殊方法进行预测，即定量预测法，学者在使用这种方法前，将它分成了四种类型：探研预测（explorative）、推演预测（speculative）、标准预测（normative）及综合预测（integrative）。另外，乡村旅游行业发展推算还可以根据问卷调查的形式来进行。

（1）综合集成法。旅游行业作为市场经济体系中的一种，在市场经济中发挥着重要的作用，研究乡村旅游行业的发展就要让旅游行业成为核心研究对象，学者要采集大量数据进行分析，以社会大众作为主体，分别进行调查，因为和旅游业相关的利益主体太多，所以调查要讲究方法，一般来说，学者会用综合集成法来调取结果，进行反复对比后形成初步结果。

（2）形象设计法。设定一个地区为旅游地区，这个地区可以是真实存在的，这个形象设计原型必须是服从于市场经济的，如近程市场、中程市场、远程市场等。不同的旅游地区可以设置不同的旅游形象，以增加旅游地区的知名度。

（3）功能分区法。对于不同的旅游地区可以使用功能分区法。在旅游行业中，研究学者提出了很多观点，其中以功能分区法最多。学者决定将国内每一个类型的旅游区设置功能区，每一个旅游地都有一个特定功能，然而这个地区有着与其他地区不同的功能。不同的旅游区有不同的特点，学者根据每一个旅游地区的模式创新了各种不同的功能。例如，在内蒙古大草原，就形成了草原布局模式。

（4）旅游线路设计方法。为了扩大乡村旅游业发展的规模，政府要组织业内人士增加或者开辟旅游线路，这些线路多是在原有基础上增加的，被称为宏观线路。在设计线路时，内部线路不参与设计。设计的线路服务于游客，紧紧围绕乡村旅游发展模式。这些旅游线路的设计满足了游客的需求，同时也加强了乡村之间的联系。为了让彼此之间联系更加密切，可以让游客跨区进行体验。在设计旅游线路时，切记紧紧围绕乡村旅游行业发展建设，设计的线路符合游客需求。

（5）配套支持系统设计方法。乡村旅游行业要想可持续发展，就要有一套完整的系统设计方法，这个方法一定是配套支持的。乡村旅游行业中也必然包括相关的项目规划、基础设施建设与规划、营销方案、环境保护规划和完整的、配套的管理措施。

在相关的项目规划中，研究者必须掌握乡村旅游的发展要素，还要联系其他邻近的乡村来配合工作，采用临近的资源来完成项目规划。在旅游商品中，乡土文化中也要时刻关注。

在基础设施建设与规划中，政府要投入大量资金，或者招商引资，让他们成为乡村旅游业的股东，股东持有股份，自然会投入资金在乡村基础设施中。在基础设施建设方面包括交通、城乡建设、新农村建设规划等，这些基础设施的建设与规划能够帮助乡村旅游行业走快速发展之路，满足游客的旅行需求，基于乡村旅游行业具有多种基本要素，因此学者在研究时要特别注意。

在营销方案中，主要是乡村旅游行业的营销方案，学者要利用该地区的旅游特色创办特色的旅游项目，使游客乐不思蜀。例如，开展具有乡村特色的活动节目，创办节目要依据该地区发展情况来制定。

在环境保护方面，政府应出台一系列相关政策来保护人类赖以生存的环境。尽管发展乡村旅游行业也很重要，但是不能以牺牲环境为代价，保护环境包括保护旅游生态环境，在建设旅游目的地基础设施时，要尊重当地的风俗习惯，还要保护生态文化，保护自然景观。在开发旅游环境时，要符合该地的传统文化，凸显乡村特色。

在完善、配套的管理设施中，政府应该组织相关部门开会进行研讨，研讨内容包括旅游地区的整体规划方案，相关部门应提出合理化建议来建设旅游目的地的基础设施。目前我国乡村旅游行业存在村民不积极主动参与的问题，因为少了很多村民参与，这极大地阻碍了乡村旅游业的发展，因此，政府应该鼓励居民参与，政府鼓励村民参与建设、参与管理、共同商讨出管理乡村旅游行业的方案。

（6）投资估算方法。政府在投资建设旅游目的地的基础设施时，应该找准方向，确定投资估算的方法，因为投资建设旅游目的地的基础设施需要大量的资金，然而国家对这笔钱也高度地重视，所以要求政府要找出最适合估算资金的方法。

第二节　国内乡村旅游规划研究综述

早在 20 世纪 90 年代，国内就开始兴起乡村旅游行业的研究，研究学者对于乡村旅游的实践十分重视。

一、主要研究内容分析

国内学者对于乡村旅游业的内涵十分重视，于是彻头彻尾地进行了一系列讨论，由于学者的知识水平不同、抑或是能力有限，因此在对乡村旅游行业的理解上也大不相同，在学者的研究中提到，乡村旅游行业分为多种多样，主要有农业旅游、观光农业、农村旅游、农村观光、休闲农业等，这些提法的问世是学者知识点的聚焦，因为学者的知识水平有限，因此聚焦的点也不同。关于乡村旅游行业的核心研究，早期，学者将重点放在了观光农业上。

二、我国乡村旅游研究的主要内容

我国在乡村旅游行业中的研究内容主要包括其内涵、定义和类型，我国偏重于研究乡村旅游开发意义、条件与模式、规划与设计，在旅游接待地互动关系、乡村旅游存在问题与发展策略上也有所涉猎。

（一）乡村旅游开发意义

乡村旅游行业如今已经成为市场经济的顶梁柱，发展乡村旅游行业对于需求者和开发者十分有意义。

1. 对需求者的意义

城市居民习惯了城市生活，对于乡村生活十分好奇，淳朴的乡村生活能够减轻城市居民的生活压力，同时也能让其返璞归真，找回真正的自我，一方面，在放松心情的同时能够了解乡村文化，提高生活品质，比如，李伟（2002）指出发展乡村旅游行业，促进城市人口消费的核心在于乡村是否能够为城市居民提供富有品质的乡村生活；另一方面，城市居民来到乡村，通过展示城市生活，也能促进乡村居民和城市居民之间的联系，增进了彼此的关系，同时也增进了友谊。与城市生活相比，乡村居民更加重视淳朴的乡村生活，向往淳朴的农村生活，因此乡村旅游行业能够带来新的经济增长点，具体要看经营者的管理能力和组织能力。主要在服务和产品类型方面，在服务上要尽善尽美，在产品类型上要选择适应城市居民需要的产品。对于团体旅游，要选择适合他们出行旅游的产品，让游客能够体会到"农家乐"。目前，城市居民对乡村旅游的消费表现出的独特的需求特征可归纳为：以农村自然风光为基础，以乡土文化为核心是乡村旅游的未来发展趋势和新的增长点；乡村旅游产品的休闲型特征决定了游客出游过程中并不注重旅游景点的等级、规模和知名度，而比较注重旅游配套设施的完善程度、服务水平及社会环境等外在因素；仅有少数旅行社涉猎休闲旅游市场，目前市民出游主要采取自我服务的组织方式，以单位、家庭和亲朋好友为主要团体形式；目前乡村旅游产品以初级水平的观光为主，游客消费构成中以交通、餐饮、住宿为主，整体消费水平低。许多学者还对今后乡村旅游需求的发展趋势做了预测。在乡村旅游行业发展的今天，也使许多利益相关者得到了巨大的利益。在学者们的刻苦研究下，得出了乡村旅游业发展趋势的预测结果。其中最重要的当数学者吕连琴等（2002），她预测在今后的很多年里，乡村旅游行业要以多样化的趋势呈现在世界经济市场上，乡村旅游业的多元化、特色化是这个行业的主要发展趋势。之所以能够得出这样的结果，首先，学者认为城市居民因生活压力大而想通过一种途径来释放压力，乡村旅游项目就是他们最好的选择，而乡村居民为了创造更大利润，因此不遗余力地来组织乡村旅游项目，在乡村旅游项目中也设置了很多新颖的主题，在乡村旅游中，人们能感受到温馨和浪漫。其次，在乡村旅游项目中，前文提到要重视观光旅游，增加乡村的神秘感、新鲜感，让游客流连忘返。

2. 对供给者的意义

乡村旅游产业对供给者具有重要意义，学者郑群明（2004）指出要让乡村居民全部参与到社区建设中来，鼓励居民多参与乡村旅游建设，从根本上解决农民的就业问题，乡村旅游行业也帮政府解决了"三农问题"，三农问题的解决有利于乡村旅游行业开展，三农问题的解决能够帮助建设小康社会。让农村人接受城市文化，也让城市居民接受乡村文化，促进城市农村文化交流，这样的解决方案可以让农民减少对土地的破坏，也能提高乡村居民的收入，从而消除乡村的不良影响，让乡村居民可以自主增强环境保护意识，使农村经济能够快速发展。乡村特色农业的形成依靠强大的乡村旅游行业，强大的乡村旅游行业依托农民的责任意识和经营意识，投资乡村旅游行业无疑是一笔巨大的收益，这对于投资者或者政府来说，都是一件前所未有的好事。

（二）乡村旅游开发条件和模式

若想开发乡村旅游或者经营乡村旅游项目，就要寻找开发条件和模式。一个地区是否有资格开发乡村旅游，也要看其是否具有资格。吴文智（2002）指出乡村旅游行业是包含在旅游行业中的，是一个微观概念。在旅游系统中包含自然景观和人文景观，也就是说，一般的旅游经营者会将这两项内容增加到旅游项目中，让游客大饱眼福。吸引游客前来旅游的条件也无非是自然景观和人文景观，在这两个项目中，包含若干个小项目，比如说旅游接待设施、旅游服务及其他事项等，这些细节都能够充分体现乡村旅游项目的开展程度。另外，影响乡村旅游行业开展进度的因素还有客源市场和旅游投资者的投资状况。学者吴文智以安徽古村（宏村、西递）为例，分析了影响该地区乡村旅游行业发展进度的因素，在充分对比后得出结果，该旅游目的地主要由农业活动、农村聚落、农民生活、农业生态等组成，该地区组成成分尽管与其他乡村无异，但是安徽古村地区有古老的建筑和传统的文化精髓。凭借这一特点，安徽古村发展乡村旅游行业也是顺理成章。比如，发展观光旅游农业、自然景观等。

根据安徽古村落的自然景观情况，学者吴必虎利用实际数据分析法分析了这一地区的情况。总的来说，数据分析法还是简易有效的，通过大量数据的调取和总结，分析出该地区空间布局具有以下规律：安徽古村落休闲农业发展不及时，因此经济效益急速下滑。观光农业占安徽古村落地区的 85%，其中也包括客源市场。一般来说，客源市场分布在该地区的 100 千米内，作为乡村旅游行业的主打项目，观光休闲农业主要分布在密集地带。第一种密集地带，也是最重要的地带，距离客源市场 30 千米左右；第二种密集地带分布在距离客源市场的 80 千米以内，且在这两个密集地带中间的部分，也出现部分干扰因素，这个干扰因素影响密集地带的形成，因素主要由低谷带组成，距离客源地约 50 千米。这两个重要的影响因素是乡村旅游行业的重要影响因素。

乡村旅游行业在科学技术发展的今天，已经成为市场经济的重要角色。它的发展模式和发展路径也多种多样，学者郑群明（2004）在多年的研究中总结出乡村旅游行业共有五种开发模式："公司＋农户"通过这种模式还衍生出新的模式，是以社区为主导的"公司＋社区＋农户"模式，这种模式的好处在于能够鼓励群众参与到乡村旅游的建设中来。还有另外三种，分别是"政府＋公司＋农村旅游协会＋旅行社"模式；股份制模式，通过政府干预政策，鼓励投资方投资乡村旅游行业能够为国家、为企业带来巨大收入，投资方作为股东来管理乡村旅游项目，也能解决一大部分农村人的就业问题；"农户＋农户"模式，通过农户自主经营乡村旅行社，政府补贴资金来维持运作的方式能够使村民更加有信心组织项目，也能带动其他农户一起参加经营；个体农庄模式，利用现行的农庄来组织运作。学者通过这五种模式来具体分析乡村旅游行业的影响因素。其中，学者王云才（2001）确定乡村旅游行业与农业、经营关系、资源的关系，学者通过多方搜集资料，并以珠江三角洲地区为案例进行分析，学者最终得出结论，珠江三角洲发展旅游业的六大模式，这六大模式能够使珠江三角洲乡村旅游行业迅速发展。学者吴必虎认为要将国内地区分成四种情况，即旅游危险区、开发区、保护区和理想区。这四种情况，政府应该分别出台解决方案。另外，国内乡村旅游行业也有不同的演化推进模式，不同的模式对旅游业的影响自然不同，如图 4-6 所示。

一是由非理想区向理想区方向发展的良性持续演进模式

二是保护、开发状况不断下降的非良性演进

图 4-6　旅游地的两种趋势

根据上图所示，学者认为应该在特殊区域实施良性措施。良性措施的实施时间应该在特定范围。

（三）乡村旅游规划与设计

乡村旅游行业的快速发展是与正确的规划方案分不开的，近几年来，随着市场改革方向工作的推进，国内众多学者凭借着自身丰富的知识对乡村旅游行业提出了很多新的想法。其中学者吕连琴（2002）认为乡村旅游行业发展之初就受到了国内政府的推崇，其根据自己多年累积的旅游市场的经验总结了乡村旅游行业若想持续发展必须要遵循的原则，是要以下几个类型的产品导向为基础。其分别是：异域特色鲜明化，同域类型多样化；产品功能复合化，旅游收益多元化；营销活动系列化，市场运作名牌化；乡村建设生态化，技术取向两极化；乡村环境自然化，人文资源民族化（熊凯，1999）。这几种类型主宰着乡村旅游行业的市场，并在市场效应中发挥着重要的作用。学者还认为要想使乡村旅游行业快速稳定发展就要给游客留下良好的印象，在乡村旅游行业中有一个特殊概念，即乡村印象。乡村印象是乡村旅游行业长期发展形成的，其中包括自然景观印象和人文景观印象，还有一种说法就是大量的游客游览该地在心理上形成的影像，在乡村旅游行业发展过程中，包括很多旅游项目，这些旅游项目在长期发展中形成一个有效的链条"乡村—城郊接合部—城市"大旅游区。学者认为政府要鼓励乡村居民重视乡村旅游行业，当地居民应该主动并积极地参与到乡村旅游项目中来，在这一过程中，组织人员应该按照政府规定的步骤来实行计划，实施每一个步骤前要向专家进行求证，按照专家的正确的指导方向来实施方案，这一想法立刻得到了当地政府和人民的高度赞扬。居民也表示一定密切配合工作人员，积极主动地参加到项目中来。学者李伟（2003）指出面对当今市场经济的多样化，乡村旅游项目也要推陈出新。关于发展乡村旅游行业，学者认为最重要的就是创新乡村商品，将商品加大力度进行宣传，同时宣传乡村特色、宣传乡村传统文化。将乡村的民俗文化、地方文化传达给游客，让游客领略不一样的乡村风光。同时也要设置主题，学者多以宏村、西递为案例，这两个典型的村落具有中国传统文化的特质，在设计、创新产品时更加方便快捷，在这两个村落设置观光农业项目。近些年来，学者也将研究目光放在观光农业上，更有"海峡两岸观光休闲农业与乡村旅游发展研讨会"作为理论指导，会议的核心为学者研究观光农业、乡村旅游项目提供了充足保障，学者通过研究归纳总结了关于观光农业的一系列实施方案，如建立健全园区规划体系、将旅游目的地进行功能分区等。这些措施都能让经营者很好地把握乡村旅游行业的发展方向。

（四）乡村旅游与接待地互动关系

在乡村旅游行业中，接待地是必不可少的一项活动，经营者要想发展乡村旅游项目，就要在接待用心筹划。关于这方面的研究，国内也是从近两年开始兴起的。由于数量有限，因此很多方面还不够完善。

国内以阳朔地区作为典型案例进行分析。阳朔地区具有中华文化的特色，再加上当地人的社会生活十分受到城市居民的喜爱，许多来到阳朔当地旅游的城市居民将阳朔地区称为"阳朔现象"。这个称呼始于20世纪80年代，游客对阳朔地区的高度赞扬使阳朔地区遐迩闻名。针对这一情况，学者张文（2003）利用一系列方法对阳朔地区进行调查，方法主要有调查法、统计分析法和文献分析法，这些方法有利于学者更加快速地调查，便于形成指标，评价该地区的旅游环境。经过一番刻苦的努力调查后，发现阳朔地区确实拥有与其他地区不一样的地方，阳朔地区作为千年古城，代表了中华上下五千年文化，因此阳朔地区拥有数量众多的游客不足为奇。另外，学者单雪飞（2003）指出乡村旅游行业能够快速发展，和社区居民的积极参与是分不开的，由于居民积极主动参与到项目中来，使得乡村旅游行业能够快速发展，据调查显示阳朔地区之所以能够遐迩闻名，是因为当地居民十分配合工作，由此学者通过阳朔地区居民态度变化建立了社区参与模型，这个模型的问世对以后研究乡村旅游行业有着重要的作用。学者还认为乡村居民的参与程度越深，乡村旅游行业发展得越快，政府也应该鼓励乡村居民参与到乡村旅游项目中来，作为利益相关者的重要组成部分，政府应该将利益均匀分配，使居民更有信心参与项目。将居民都分配到乡村旅游项目中是目前乡村旅游企业应该重视的工作，学者认为将居民分配到项目中对于乡村旅游业的发展有极大的好处，在分配过程中应该处理以下四方面工作。其一，在分配利益方面，应该出台相关政策来保证村民的利益，对于参加项目积极的村民应该多分配利益；应该建立健全利益分配机制，保证村民利益。其二，乡村旅游企业应该重视该项工作，让乡村旅游行业走上科学化、民主化的道路，制定合理的战略目标，鼓励居民也投入到制定战略目标的工作中去，合理采纳居民意见。其三，在发展乡村旅游行业的同时，要注意生态环境的保护，提高村民素质，让村民能够自主保护生态环境，保护自己的家园。其四，保护环境的工作应该放在旅游行业的主要工作中去执行。发展乡村旅游行业也会带来诸多问题，学者唐凡茗（2004）指出在发展乡村旅游行业的同时，会使民族文化通俗化、商业化等，造成人文景观的缺失。对此，世界旅游组织印发了关于发展乡村旅游行业的书籍《全国和区域旅游规划的方法》书中针对不同的地区有不同的发展方案，尉氏县更好更快的发展，世界旅游组织鼓励当地政府进行干预，建立健全管理机制，引进新的思想，改变传统的思想，在乡村旅游项目中增加民俗特色部分，让乡村旅游行业变得更加富有人性化、更具有特色化，使乡村旅游行业能够更加健康地发展。

（五）乡村旅游存在的问题与发展策略

在乡村旅游行业快速发展的今天，尽管国家已经出台了一些相关政策，但还是存在一些问题，学者在多年的研究中总结了在乡村旅游行业中出现的问题并提出解决策略。一般来说，在乡村旅游行业中存在以下问题。

其一，产品类型单一。乡村旅游行业在发展过程中表现的产品类型较为单一，偶尔也出现与邻近地区雷同的产品类型，目前乡村旅游产品多数还保留着过去传统的风格，这样风格的产品类型单一，难以符合游客的口味。再加上加工方面的不细致，更加难以达到国际化的标准。

其二，普遍缺乏规划和策划。乡村旅游行业在发展过程中存在急功近利的思想，一些自主经营的商户为了快速得到利益在方案的规划上、空间的布局上显得格外粗糙，更有许多旅游项目盲目分类，商户并没有建立品牌意识，没有达到预期的效果。许多商户为了赢得利益便将乡村变成城市化风格，使得传统文化流失。

其三，基础设施薄弱。在乡村旅游行业发展的今天，多数旅游景区因资金的匮乏，导致许多基础设施不完善，比如，服务设施、卫生设施等，在许多网络不发达的地区，交通设施也不完整，这些问题多数存在于古老的村落中，主要是因为许多自主经营的商户管理不到位、投资不到位，许多管理人员自身的文化水平不够，导致管理不善。

其四，资源保护、利用与旅游发展关系不协调。开展乡村旅游行业与管理机制、资金投入和技术等都有一定关系，只有这些方面相互协调，才能更好更快地发展乡村旅游行业。在开展乡村旅游项目时，很多旅游景区都出现了因急功近利而破坏生态环境的状况，这对发展乡村旅游行业十分不利，在一定程度上也影响了景区的知名度。

其五，旅游发展与社区发展的联系不紧密。在国内很多乡村旅游景区与社区联系并不密切，这一问题是因为部分村民思想意识上不去导致的。另外，在开展乡村旅游行业时不顾及农民的利益，遭到了众多农民的反对。乡村旅游行业处在岌岌可危的地位。

综上所述，是在发展乡村旅游行业时遭遇的问题，解决措施要将行业进行合理规划、布局。建立健全管理体制，创新乡村产品，组织到位等。

针对这一问题，学者展开了乡村旅游行业的专项研究，更有学者刘昌雪（2003）深入调查，从中做出细致的分析。学者在分析的过程中，指出发展乡村旅游项目就应该时刻宣传传统的乡土文化，让乡土文化深入人心；在服务方面，要顺应民心；在发展乡村旅游行业的同时，不能以牺牲生态环境作为代价，要可持续发展；完善各项制度，包括管理制度。在乡村旅游行业中，最重要的是旅游度假项目，学者在研究乡村旅游行业时总结了环城市旅游度假带的十二条经验，这十二条经验是建立在宏观层面和微观层面上的。从宏观层面上来说，发展乡村旅游行业要从政府政策上抓起，从市场经济着手开展乡村旅游项目；在微观层面，要利用乡土文化打造新型旅游项目，建设自然景观建筑、创新想法、使项目朝多元化、多样化方向发展。开展乡村旅游项目时，学者陈南江（2004）指出农户在自家开设旅馆的方式是一种低俗文化的呈现，不能够体现乡土特色，不能体现中国传统文化。况且，这样的方式只能使服务不到位。乡村居民应该单独建立具有品牌效应的旅馆，提升住宿档次，使旅游项目更加规范化，建立管理制度健全的"游客接待中心"。游客接待中心的建立是乡村旅游行业快速发展的表现。从一定意义上来说，这是一种旅游项目升级的表现，能够从根本上解决了乡村旅游行业在发展过程中出现的问题，与政府干预机制形成一体化结构。学者指出在发展乡村旅游项目时，一定要切实做好服务工作，以让游客有宾至如归的感觉。

三、对现有乡村旅游研究的评价

乡村旅游随着市场经济发展越来越快，跟随学者的研究脚步，乡村旅游行业也趋于现代化，更有诸多学者撰写了关于乡村旅游发展的书籍。例如，韩林（2004）《关于建设阳朔乡村旅游的探索》《国际乡村旅游发展的政策经验与借鉴》（王云才，2002）、《论都市郊区游憩景观规划与景观生态保护》（王云才，2003），这些书籍均能够帮助乡村旅游行业得到进一步发展。学者在研究过程中大多利用典型案例进行分析，案例分析的原型多数是国内地区的乡村地区，具有真实性和可靠性。

基于国内研究乡村旅游行业的念头较少，因此还存在诸多问题。例如，其一，缺乏统一理论。乡村旅游行业在发展过程中并没有实现统一的管理，也没有明确概念。因此，在研究成果上还存在一些弊端。其二，研究方法单一。国内学者知识能力水平有限，况且中国并不是乡村旅游行业的发源地，因此在研究方法上略为单一。其三，缺乏认识。学者也没有进行系统调研。即使学者利用现实地区进行分析，也难以得到更准确的结果。其四，并没有借鉴国外先进经验。我国并没有借鉴其他国家的发展经验，理论和实践经验较少，很多年来存在"闭关锁国"的情况，这种情况制约了乡村旅游行业的发展。其五，理论研究滞后于实践发展。目前，国内关于乡村旅游行业的发展十分滞后。

为了更好地发展乡村旅游行业，国家政府应从五个方面做起：其一，做好乡村旅游行业的规划工作；其二，研究乡村旅游行业的发展策略；其三，制定可持续发展方针；其四，讨论社区参与的重要性，加强居民的社区参与；其五，将乡村旅游行业的发展规划变成国际化标准。

乡村旅游行业自引进中国开始还不到 20 年，因此，国内对于乡村旅游行业的规划还很稚嫩。国内学者针对乡村旅游行业的发展集中几个方面，如表 4-3 所示。

表 4-3　国内学者乡村旅游规划研究表

研究方向	代表作者	研究内容
乡村旅游规划的理论	唐代剑和池静（2005）	在市场经济发展的今天，乡村旅游业也跟随市场经济的脚步逐渐发展起来，作者认为发展乡村旅游行业就要认真具体地规划发展方案，在选择乡村旅游目的地时要根据现阶段的战略目标选择目的地，同时还要设计活动内容，选择主题
	刘滨谊（2001）	发展乡村旅游行业时要适当运用众多学科，如运用景观规划学、景观地理学和景观生态学，运用这几大学科的观点，将这些观点统一结合起来，成为一个新的规划方案，再进行深入的研究，将这些观点投入到实践当中去
	陈梅（2008）	为建立乡村旅游规划体系，仔细认真地探讨乡村旅游行业在发展之初可能遇到的问题
乡村旅游规划的程序	方增福（200）	规划乡村旅游行业主要是从八个阶段做起，分别是：准备；确立目标；可行性分析；制订方案；方案的评价与比较选择；实施；监控反馈；调整策略
乡村旅游规划原则	李伟和郭芳（2002）	开展乡村旅游项目不同于开展其他项目，要注重于规划乡村旅游行业，遵照政府给予的政策来进行具体的实施步骤
	方增福（2000）	指出发展乡村旅游行业要按照政府原则，建设具有中国特色社会主义的乡村旅游行业，对乡村旅游规划方案适度调整，建设完整的乡村基础设施、建设配套设施、服务设施，依照传统的乡村居民生活来建设自然景观，在不影响居民正常生活的情况下完成工作，也能够使居民从中获得利益，鼓励居民多方参与乡村旅游项目
乡村旅游规划战略	李伟和郭芳（2002）	乡村旅游项目与其他项目不同，伴随乡村特色的旅游项目必然要增加传统的乡村特色，要依据地理位置的不同，设计不同的主题，要求乡村旅游项目的开展要适应社会，适应市场经济。调节市场经济与乡村旅游行业，让其适度发展
	甘巧林和陈忠暖（2000）	学者指出中国发展乡村旅游行业的年头较少，因此做出合理规划是十分有必要的，认为只有认真规划乡村旅游行业才能使其可持续发展，同时又能带动地区经济，提高居民收入。指出发展乡村旅游项目要与政府的政策保持一致，使旅游目的地的规模、建筑风格都能和传统文化保持一致，建设有中国特色社会主义的乡村旅游项目

研究方向	代表作者	研究内容
乡村旅游规划的空间布局	范春（2007）	认为要建设具有特色的乡村旅游项目，作者也将乡村旅游空间分成四个部分，分别是斑、廊、基、缘四大部分。空间分布对乡村旅游行业十分重要
	王英利等（2008）	认为乡村旅游行业也具有生命周期，因此要把握乡村旅游行业生命力旺盛阶段，打造不一样的乡村旅游项目，规划功能分区、规划旅游路线及空间分布等
	张述林等（2008）	发展乡村旅游行业，要时刻保持清醒，要运用众多思维和理论，在思维方面，运用在点式思维、线式思维、面式思维等空间规划的思维；在理论方面，借助于图底理论、联系理论、场所理论等空间设计理论等。将重点放在对重庆市地区，并根据重庆市自然景观的特点合理安排空间
乡村旅游规划的社区参与	郑群明和钟林生（2004）	指出要鼓励居民多方参与，指出居民参与程度和乡村旅游行业的发展程度密切相关
	罗永常（2006）	在发展乡村旅游行业的同时，也要关注民族山寨的旅游项目，建立健全保障机制，保障居民利益。提出民族村寨社区参与旅游开发的利益保障机制
	宋章海和马顺卫（2004）	鼓励居民参与到乡村旅游项目的规划工作来，让乡村旅游行业走民主、可持续发展的道路，听取居民意见，采纳居民意见
关于乡村旅游规划的建议	李永文等（2004）	只有规划好乡村旅游行业，乡村旅游行业才能从根本上发展起来，规划要具有内涵，要符合中国特色，乡村旅游行业要始终贯彻落实国家方针，开辟一条具有中国特色社会主义的旅游行业发展之路
	郑向敏（2004）	在进行乡村旅游规划时，要合理进行引导、研究最后得出结论，所形成的规划方案要适应地区经济的发展，适应市场经济，合理安排乡村旅游项目
	唐建兵（2007）	作者认为在快速发展的乡村旅游行业中也存在诸多弊端，如规划目的不明确、规划过程不认真，作者认为在发展乡村旅游行业时要提供合理化建议，避免出现良莠不齐的现象
	杨振之（2006）	作者指出在未来乡村旅游行业的发展道路上应该朝多元化方向发展，适时利用可持续发展方针，规划方案应该适应居民生存

研究方向	代表作者	研究内容
关于乡村旅游规划的建议	高青和吴柏清（2009）	作者认为在乡村旅游行业发展的道路上仍然存在一些弊端，作者在研究过程中总结了一系列问题并提出了整改方案
	周坤和杨振之（2011）	共同研究了该行业的发展前景和具体的规划流程
其他方面	李伟和郭芳（2003）	发展乡村旅游行业应该引进先进理念，比如，绿色经济理念。引进的先进理念要与行业相适应
	刘铁梁（2006）	国家应注重乡村旅游项目中的民俗特色项目，提高居民的精神文化水平
	张善峰（2008）	发展乡村旅游文化要以乡村文化作为规划的核心点，建立健全乡村旅游发展模式
	叶舒娟等（2009）	在发展乡村旅游行业时应该引进新的规划思想，比如，反规划，这样先进的规划能改变过去传统思想带来的不良影响。建立健全管理机制，保障乡村居民利益，为国家创造巨大收益

此外，还有部分学者对云南石林、成都大邑县、德阳市东湖乡、阳朔、中牟县雁鸣湖、富川瑶族自治县秀水村、珠江三角洲田园公园、西双版纳胶园农场度假区、南京汤泉农业科技园、成都龙泉驿区观光农园、京郊现代乡村社区、婺源乡村旅游、黄山市乡村旅游、乐山市等地的乡村旅游规划进行了实证研究，具体内容在此不再一一赘述。

第五章　旅游与乡村建设融合的比较分析

由于自然条件、文化传统、经济发展水平等各方面存在差异，不同的地区在旅游业发展与乡村建设风格上不尽相同，旅游与乡村建设融合发展方式也因此各具特色。本章基于国内外旅游与乡村建设融合发展的特点总结，对未来的乡村建设、旅游业发展及两者融合发展的趋势进行分析。

第一节　乡村旅游可持续发展面临的问题

随着乡村振兴战略的提出，人们对乡村旅游发展提出了更高的要求。因此，必须了解乡村旅游在发展过程中面临的问题，并通过针对性措施的实施，实现其可持续发展，并带动我国文化、经济共同发展，从而为建设美丽中国提供有力保障。

一、乡村旅游可持续发展面临的问题

政策问题。目前，在我国宏观政策的引导下，乡村旅游业逐渐兴盛起来，并获得了较好的发展效果。但是，在形势不断变化的情况下，我国关于乡村旅游发展的政策仍然存在不足，无法在有效保护环境资源的基础上推动旅游产业更好地发展，而这也就在一定程度上阻碍了乡村旅游的可持续发展。

资源问题。乡村旅游资源属于不可再生资源，一旦遭到破坏就无法修复。但在实际开发利用中，由于部分居民仅重视短期的利益，经常会出现古树外售、大量采砂等情况，而这给资源、环境及社会的可持续发展带来了严重的不良影响。

基础设施问题。基础设施是乡村旅游业发展的最基本支撑。例如，宾馆可以让游客休息与饮食，便捷交通可以为游客往返提供便利，而售后服务则可以有效保障游客的合法权益。但是，当前由于政府扶持力量较小，乡村旅游的基础设施并不完善，严重阻碍了旅游业的健康发展。

利益问题。目前，在乡村旅游业发展过程中，当地居民仅仅作为廉价的劳动力参与其中，甚至大多数人是处在旁观状态下。同时，居民与旅游企业之间还存在着利益分配不合理等问题，不利于乡村旅游业的快速发展。

二、实现乡村旅游可持续发展的原则与路径

乡村旅游可持续发展的原则。实现乡村旅游可持续发展，应遵循的原则主要有四条：第一，要对乡村旅游进行全方位规划与合理布局，统筹安排各项事务，并严格按照相关要求以阶段式的方法实施，实现乡村旅游的滚动发展。第二，要有效保护乡村旅游资源，也就是要将开发、利用及保护等有效结合。要想实现乡村旅游可持续发展，就必须在保护自然生态环境的基础上，对旅游资源进行有效开发，充分发挥其潜力与优势，达到环境效益、经济效益及社会效益统一发展的最终目标。第三，要以长远的目光看待乡村旅游，提高其可持续发展的起点，并加强对其相关产业的开发。第四，在对景区景点进行建设时，必须综合考虑其周围的环境情况，以保证二者可以相互协调、共同发展。

乡村旅游可持续发展的路径如下：

充分发挥政府引导作用。为了实现乡村旅游发展的可持续性，政府必须发挥自身引导作用，加大对旅游市场的管理力度，提高乡村旅游的安全性。一方面，政府应该建立健全乡村旅游管理体系，并在实施过程中，不断完善这一体系，加强对乡村旅游行业与市场的综合管理。同时，还应该对乡村旅游发展进行全面调研，合理规划未来发展的方向与目标，将更加优质的服务提供给旅游者。另外，还应该对管理工作进行规范，并组织相关的单位进行诚信建设，提高乡村旅游的诚信度，吸引更多的游客，从而为乡村旅游可持续发展奠定良好基础。另一方面，政府应该加强对管理团队的建设，结合乡村旅游发展实际情况，合理制定执法与管理机制，并加大对相关管理人员的培训力度。同时，还应该对旅行社、旅游点、宾馆及车站等进行定期检查，在最大限度上提高服务质量与水平。另外，还要做好相关的安全工作，通过安全责任状签订、定期巡检及拉网式排查等方法，以保证乡村旅游的安全性，尽可能地避免因工作不到位而出现投诉问题，以此来推动乡村旅游健康、可持续发展。

打造乡村旅游品牌。打造品牌也是乡村旅游实现可持续发展的一种重要方式。首先，应该加强对行业的标准化建设，并结合乡村特点，打造独具特色的旅游品牌，提高旅游的服务质量与地位，增强乡村旅游发展的核心竞争力。同时，还要对乡村独特的优势与丰富的资源进行合理开发与利用，并根据适度超前的原则，及时抓住各种机遇，开发出独具魅力的旅游产品，以此来吸引更多的游客。另外，还可以把旅游周边产品当成重要经济产业，并通过其来带动乡村经济发展，以实现乡村与旅游产业的双赢。其次，乡村旅游品牌的打造也是促进产业升级的关键途径。在品牌创建后，乡村旅游的地位会在很大程度上得到提升，之后通过政府的带动，不但可以有效规划乡村旅游的未来发展方向，争取成为国家 A 级景区，还能够防止重复建设问题的出现，以实现乡村旅游产业的科学发展。同时，还可以通过特色产品形成乡村旅游的一条龙服务，提高其带来的经济效益，并带动周边地区经济共同发展。最后，还应该及时掌握旅游市场的具体情况，并通过网络、报刊及电视等媒

介，以突出重点的方式对乡村旅游进行宣传。还可以通过各种节日活动、跨地区合作等，提高乡村旅游的知名度，拓宽游客的来源渠道，从而为乡村旅游可持续发展提供有力保障。另外，还应该充分发挥旅游企业的作用，让其通过"名片"发放、"联系卡"建立及主题活动开展等方法，扩大乡村旅游宣传范围，广泛吸引来自各个地区的旅游人员，以此来增加乡村旅游业的经济效益。

提高工作人员综合素质。工作人员的综合素质对乡村旅游服务的质量与水平有着非常大的影响，因此，要想促进乡村旅游更好地发展，就必须加强对工作人员的培训。首先，要定期对工作人员进行专业培训，并通过培训让其掌握先进的理念与方法，促进其专业能力的提高。同时，还要通过一定的职业道德教育，提高工作人员的责任意识与职业素养，促进其综合素质的提升，从而有效提高乡村旅游服务的水平。另外，还应该建立起相应的责任制度，将责任落实到每一个工作人员身上，并规范其工作行为，使乡村旅游发展达到理想的效果。其次，还要积极举办交流会与座谈会等活动，加强工作人员之间的沟通，让其通过交流，借鉴他人的成功经验，有效解决自己在实际工作过程中遇到的问题。最后，还要建立起一定的奖惩制度，将工作人员的利益与工作水平挂钩，并通过一定的奖励措施，充分调动起乡村旅游从业人员的工作积极性，使其主动投入到具体工作中。同时，还要通过适当的惩罚，让其认识到自身工作的重要性，并改正不良的工作态度与行为，从而有效实现乡村旅游的可持续发展。

拓展旅游产业链。针对当前旅游产品销售混乱的问题，政府应该及时对市场进行整改，并结合实际情况，制定出科学、合理的销售规范，如商品准入规范、价格标准规范及服务规范等。同时，政府还应该通过相关的政策法规等，对乡村旅游市场秩序与发展趋势进行维护和引导，并规范旅游企业的服务行为，营造公平、公正的竞争环境，为乡村旅游可持续发展奠定良好基础。另外，与旅游相关的部门如文化、建设、供电及交通等部门，应该建立起稳固的合作关系，并通过彼此间的协作与配合，充分发挥自身职能，从而实现乡村旅游的高速发展。

综上所述，实现乡村旅游可持续发展已经成为一项重要工作。因此，必须遵循合理布局、协调发展等原则，并通过充分发挥政府引导作用、打造乡村旅游品牌、提高工作人员综合素质及拓展旅游产业链等方法，推动乡村旅游可持续发展，从而有效落实我国乡村振兴战略。

第二节 "互联网+"时代乡村旅游的可持续发展

随着社会经济和城市化的快速发展，在人民生活质量得到不断提高的同时，城乡差距也越来越大。为了促进社会公平，提高人民生活的幸福感，我国提出了乡村振兴的相关国家政策帮助我国乡村经济得到快速发展。而其中又以"互联网+"背景下的乡村旅游可持续发展作为主要振兴路径。"互联网+"时代提出乡村旅游可持续发展，在改变乡村原有的农业经济为主的模式下，打破了以往乡村旅游发展过程当中的局限，使传统乡村旅游产业中的问题得到了有效的解决。

自从互联网在全世界开始广泛传播以后，全世界人民都从互联网的使用当中得到了更加便捷的帮助，人民的生活方式发生了翻天覆地的变化。不仅如此，互联网信息在全世界范围的快速传播影响了各个行业的发展模式，也为乡村旅游带来了新的生机和活力。由于现在乡村旅游在我国旅游行业中占有越来越大的比例，所以发现乡村旅游当中的问题并进行及时解决，促进互联网和乡村旅游的有机结合，如何推动乡村旅游的可持续发展成为乡村旅游未来发展需要解决的问题。因此，本书从我国乡村旅游的现实情况出发，以山西省为例，分析如今乡村旅游发展当中存在的问题，并且提出如何使用"互联网+"与乡村旅游结合的方式推动乡村旅游的可持续发展。

由于乡村旅游往往离不开农业的发展，乡村旅游最基本的模式就是发展休闲农业，通过返璞归真的特点吸引城市人群来到乡村进行休闲活动，从而取得经济效益。随着乡村旅游的发展，从这一主要模式出发，进行了多个方面的发展，主要表现在以下几个类型：

乡村旅游的主要服务对象就是城市人群。现在城市人群往往因为工作量大、生活节奏加快造成身心疲惫、亲子交流不够等问题大范围存在。根据这一群体的特征进行建立的目标型乡村旅游模式，是现如今我国乡村旅游市场当中数量最大的类型。乡村建设者通过给城市人群提供休闲的场所，在场所设置钓鱼、采摘果蔬及体验农村特色美食使城市人群得到放松，吸引城市人群体验不一样的生活，在极大程度上满足了城市人群的新鲜感。在这一类型当中，山西省早在20世纪90年代就进行了相关的开发，设置的汾阳生态农业旅游园成为国内外名气较大的乡村旅游形式之一。

以旅游资源为主。这一模式是山西省乡村旅游发展最关键的类型，山西省拥有数量十分可观的旅游景区，像平遥古城、非物质文化遗产保护村落等旅游资源成为附近乡村发展旅游的主要带动力量。山西省通过自然风光和人文情趣等乡村旅游资源同时带动相关旅游产品的销售，发展配套的旅游服务，以当地著名景点为中心，拓展餐饮、住宿、农家乐、购物等产业，延长产业链，增加附加值。在发展山西省乡村旅游业的同时，增加了其他农村行业发展机会，也是对我国乡村振兴的政策响应。

以旅游项目为主。农村要发展特色旅游产业，就要开辟与众不同的旅游项目。目前，许多国内景点项目单一，以游览和购物为主，缺乏新鲜感，乡村旅游通过开办度假村，结合农村空气清新、气候舒适、绿化覆盖率高的优势，给常年在拥挤而浑浊城市的游客提供休闲舒适自由的旅游场地。同时，山西省还设置了民族民俗风情园，少数民族人民居住的农村往往具有非常明显的特色风情，他们的生活方式、日常活动、建筑，以及特殊习俗对外地游客有很强的吸引力。尤其是一些保存完好的古村落，他们自有的世代相传的生活方式蕴含着浓郁的文化气息和乡土气息，在国家保护古村落的基础上，维持当前生活并经营特色旅游业，也有利于他们的发展。

一、乡村旅游发展过程当中出现的问题

乡村旅游项目缺乏创新。我国乡村旅游现如今基本都是以生态农业观赏为主，再配合一些简单的农业生产活动体验，尤其是现如今城市当中也逐渐增添了一些原生态式的市场经济体，分散了乡村旅游的游客来源。除此之外，乡村旅游由于受到农作物季节性特点影响，不但不能满足城市人群的需要，在某一时间段人群过多涌入乡村，也对乡村的生态环境造成了严重破坏，使得乡村生态难以得到喘息。而在旅游附加产品方面，往往都是在网上统一定制，缺乏旅游当地的特色，不能吸引游客的注意力，市场开拓程度也会受到影响。山西省乡村旅游多以乡土特色文化和人文历史为主，如何创造出具有文化特色的产品也是提升山西省乡村旅游竞争力的方式之一。

没有科学合理的管理体系。现如今山西省的乡村旅游，往往是以个体经营为主，相关部门没有进行合理的治理，政策和经济支持力度不够，各乡村旅游景点之间没有进行合理的交流，往往离不远处就是其他的个体经营户，造成了商业项目重复程度高，减少了多方位获取经济效益的方法。并且旅行社规模不够，也没有进行完整的路线规划，旅游目标往往都是固定的几个，游客没有选择的余地。由于没有进行合理的管理，乡村旅游当中的旅店和客栈也存在管理上的混乱问题，使游客丧失游玩的兴趣。

服务人员职业素养不够。游客在选择乡村旅游时，往往会因为乡村旅游在基础生活方面的需求得不到满足而放弃。在对乡村旅游的食宿条件进行提高的过程当中，服务人员的服务态度不够积极，职业素养不够，很多游客都会产生隐私及生活需求得不到合理解决的担忧。此外，乡村的基础卫生设备缺少，乡村的环保意识也不够，对乡村整个环境的影响也很大。乡村旅游的成功离不开专业的人才管理，是从一些比较成功的乡村旅游经济总结出来的经验，而在山西省的实际情况当中，担当负责人的往往是村干部等没有专业服务素质的人员，很可能造成乡村旅游在发展过程中不够健康，缺乏科学合理性。

交通道路没有整修。乡村的道路通常都是狭长的小道或者年久失修的石子路，对游客顺利进入乡村旅游形成了严重的阻碍。城市和乡村之间交通不够便捷，对道路缺乏合理的规划修建，同时在道路上也没有对乡村进行路标的指示，都成为制约乡村旅游发展的重要因素。乡村旅游想要得到更大的扩展，就必须对交通道路进行及时整修完善。

乡村旅游的宣传力度不够。由于乡村旅游是由农民自主进行经营的一种旅游模式，农民对电子设备的使用程度不够，在对乡村进行宣传当中往往是采用传统的标语或者是口口相传，使得了解的人群数量不够，乡村旅游的客流量不够支撑乡村旅游的进一步发展。从开始发展乡村旅游经济到如今，山西省的乡村旅游也在不断地提高，但是在发展过程当中受到各种因素的影响，同时也制约了乡村旅游的转型升级。乡村旅游需要进行更加规范合理的管理和发展。

二、"互联网 +"在乡村旅游发展当中的应用

随着政府部门对农村经济发展的高度重视，除了大力鼓励农民工回乡进行经济发展，对乡村旅游进行科学合理的管理也成为振兴乡村的策略之一。通过鼓励乡村旅游在运营过程当中使用互联网智慧进行乡村旅游的进一步建设，从各个方面对在互联网形式下的乡村旅游进行了时代性的转变。

发挥政府的主导作用。政府应该把握好对乡村旅游的主导地位，对乡村旅游进行整体运营机制和方式的规范制定。首先，政府要对乡村旅游进行经济和政策方面的大力支持，通过投入资金完善乡村旅游在信息方面的缺失，对乡村旅游进行信息化建设，使乡村旅游向智慧型旅游发展。其次，政府也要对管辖区内的乡村旅游地区做好基础设施的全面建设，从卫生环境、交通管制、绿色环境及网络基础等方面进行整体的提高。此外，政府还要充分利用互联网的便利，对乡村旅游经济进行实时的监控和客流量的分散，在车辆上应用 GPS 等先进技术，完成对游客人身安全的有效管控。

线上线下一起发展。乡村旅游在应用互联网的过程当中，不仅是通过互联网对乡村旅游进行广泛的宣传和销售，还可以通过对网络信息进行筛选分析，得到时下群众的热点关注，对乡村旅游的项目进行更新，使消费者能够更加乐于参与进来。同时，还能够为乡村旅游进行自媒体营销，在网络销售平台上对乡村旅游衍生的附加产品进行销售，线上线下进行双重经济效益的获得。此外，游客在对旅游地进行选择时，也能在互联网上了解到乡村旅游的相关信息，通过使用携程等 APP 进行提前预订和购物支付，减少了实际运营过程当中的烦琐，游客能够更加轻松。不仅如此，乡村还可以利用互联网进行信息的获取，对游客进行出游计划的提醒，提升游客对景区的满意程度，对乡村旅游的口碑有很大的提高。

转变乡村旅游的营销模式。由于乡村旅游的整个质量有赖于服务人员的专业素质和财力资源的投入，使用互联网，能让农村人员从互联网上了解学习相关的服务态度和服务素质，使游客能够宾至如归。同时，采用智慧网络对乡村旅游进行多种资源的整合，对多个方面的资源信息进行有机的调用，比如，整合乡村旅游信息咨询平台和智慧服务平台，建立乡村旅游的智慧服务体系，满足游客的多种需求，对乡村旅游的产品进行品质的提升。

使用互联网进行多体系的保障。乡村旅游要充分发挥互联网的智慧作用，从乡村环境保障体系、旅游交通保障体系及医疗护理体系三个方面对乡村旅游的基础进行体制的完善，加强对乡村环保卫生的监管力度，保证乡村生态环境不被破坏，对交通进行智慧管制，进行车辆的有效控流。同时在乡村景区进行紧急医疗情况处理中心，保证在安全情况出现后能够在最短的时间内准备治疗工作，充分保障游客在乡村旅游当中的人身安全问题，提高游客的享受力和幸福程度，对乡村旅游的发展能够起到更加积极的作用。

由于现如今市场经济的竞争越来越大，在新形势下提出的"互联网 +"逐渐成为我国

经济发展的新鲜活力，推动我国传统的经济得到快速的转变。乡村旅游要在自身发展当中抓住互联网融入行业的机会，通过互联网智慧不断对乡村旅游进行补充和完善，帮助乡村旅游进行质量和模式的新升级，使乡村旅游在互联网的帮助下健康地进行可持续性发展，成为我国市场经济当中的新鲜血液并且发挥越来越大的社会效益，帮助人民更好地缓解压力，以促进社会的健康发展。

第三节　基于生态文明视角下的中国乡村旅游可持续发展

生态文明与旅游的融合成为中国可持续发展的重要组成部分，乡村旅游的可持续发展离不开生态文明理念的指导，乡村旅游的可持续发展是推动生态文明建设的有效途径，二者密切联系，相互促进，不可分割。在生态文明视域下，当前乡村旅游主要存在规模小，基础设施与交通不完善，生态环境质量低，生态保护意识淡薄等问题，因此，要从集约化经营，强化基础设施建设，构建城乡交流平台，提高从业者和村民的素质，发挥地方优势等方面进行改善，以促进生态文明理念下的中国乡村旅游可持续发展。

党的十八大报告多次提到"生态"和"生态文明"，并首次将生态文明建设写入党章。这是中国特色社会主义理论的一次伟大创新，也是新时期党的执政理念。从某种意义上来说，生态文明是人类文明发展史上继原始文明、农业文明、工业文明之后的又一大质的飞跃。笔者做了统计，中国共产党第十八次全国代表大会报告中27次提到"生态"，18次提到"生态文明"，这给人们传达了一个信息：国家已经将生态环境保护放在经济发展中的首要位置。《国务院关于加强发展旅游业的意见》更是明确指出："旅游业是战略性产业，资源消耗低，带动系数大，就业机会多，综合效益好。"的确，在资源短缺、生态环境质量下降的今天，旅游业，尤其是乡村旅游亟须走生态文明之路。以生态文明建设为主的乡村旅游发展模式，空间广阔，前景无限，因而提出了更高的要求。因此，在今后的乡村旅游发展规划中，应该引入"生态文明"理念，大力发展乡村生态旅游，注重人与自然的平衡，协调经济、社会、生态的发展，以促进乡村旅游的健康可持续发展。

一、生态文明理念

"生态"一词，在《现代汉语词典》解释为"生物在一定的自然环境下生存和发展的状态"。其中包括生物的生理特性和生活习性。"生态文明是人类文明进程中出现的一种建立在人与自然和谐共处基础上的生存理念。"从这里可以看出生态文明主要是指人与社会通过改造环境、适应环境的生态化实践方式，在处理人与自然、人与人、人与社会的关系方面所取得的物质成果与精神成果的总和。它是解决当前生态环境问题的需要，也是促进社会经济健康发展的要求。生态文明主要有三个较为突出的特点，即"较高的环保意识、可持续的经济发展模式、更加公正合理的社会制度"。而生态文明建设是以一定的生态环境观为指导，通过生态化的生产生活与消费方式、经济发展模式，实现人与自然、社会的和谐共处，最终实现生态文明建设。从理论层面来看，建设生态文明首先必须建立人与自然和谐相处的生态文明观，以尊重自然、顺应自然、保护自然为生态文明理念；以生态文明理念指导生产实践。从实践层面来看，要健全法律法规，以法律手段规范约束人们的生产生活行为，实现人与自然、人与社会的和谐相处。生态旅游是促进经济发展，实现生态文明建设的重要途径。新时期推行生态文明理念，有利于贯彻以人为本、全面协调可持续发展的科学发展观，实现一代又一代的可持续发展。同时，还能改善人民生活状况，刺激消费，促进经济发展。此外，以生态文明理念指导经济发展生产，有利于优化和调整产业结构，走新型工业化道路，从而推进资源节约型、环境友好型社会的构建。

二、生态文明与乡村旅游的关系

乡村旅游以农村地区的乡土人文资源如自然风光、人文遗迹、民俗风情、农村环境、农村生活为依托，以城市居民为主要消费者，满足旅游者的休闲、娱乐、观光等需求的旅游产品。"乡村旅游自从产生以来，就以其生态性的特点吸引着大家的关注，并获得了迅速的发展。"随着环保呼声的高涨，开展得如火如荼的乡村旅游，也开始谋求长远发展之路。目前我国大多数乡村地区自然资源短缺，生态环境压力巨大，加强乡村旅游生态文明建设对我国广大农村地区的发展具有十分重要的意义。乡村旅游的可持续发展离不开生态文明理念的指导，乡村旅游的可持续发展是推动生态文明建设的有效途径，二者密切联系，相互促进，不可分割。

（一）生态文明是乡村旅游发展强大的后盾和保障

首先，生态文明理念对乡村旅游发展具有指导意义。生态文明的核心价值观是强调人与自然的和谐统一，通过合理、有效利用自然资源，以实现获取经济效益的目标。因此只有把握、遵循生态规律，以科学发展观为指导，在乡村旅游发展中引入生态文明理念，正确处理乡村旅游开发中资源与环境、开发与生态之间的关系，才能使乡村旅游所依托的资源能够得到永久持续的利用。

其次，生态文明建设为乡村旅游发展提供源源不断的动力。生态文明拥有巨大的能量，要求人们在旅游活动中自觉形成与生态文明相符的伦理道德观，形成一种外在与内在的约束力。

再次，生态文明理念是乡村旅游可持续发展的重要衡量手段。在传统乡村旅游发展模式下，乡村环境遭到严重破坏，这就导致乡村旅游可持续发展失去了有利的前提条件，不利于乡村地区生态、经济、人文的协调发展。而生态文明观念的引入贯穿于整个乡村旅游活动的始终，能够使乡村旅游沿着正确的方向不断发展，促进经济活跃、生态完整、环境美好、生活幸福的社会主义新农村的构建。

最后，生态文明建设客观上为乡村旅游提供了创新手段。生态文明理念从人与自然的角度出发，兼顾整体利益与局部利益，创新产品和技术，如污染预防控制处理技术等有效预防污染，控制污染，扩大农村产业结构的适应性。

（二）乡村旅游可持续发展是推动生态文明建设向前发展的有效途径

首先，乡村旅游可持续发展是生态文明建设在乡村旅游业中的具体实践。传统的乡村旅游发展片面追求经济利益，而忽略了人与自然、人与人的和谐发展，给人类留下了难以愈合的伤痛。而乡村旅游可持续发展重视人与自然的协调发展，追求人与人之间的平等和谐，努力做到乡村旅游发展与人文生态保护的统一，保证其发展的可持续性。在乡村旅游可持续发展过程中，由于受到严峻的挑战，人们往往把注意力集中在自然资源和生态环境的保护上，而忽略了人在其中的作用。而要真正实现乡村旅游的可持续发展，必须从人发展的角度出发考虑问题，重视旅游参与者的发展。

其次，乡村旅游的可持续发展促进生态文明建设的发展。这是因为乡村旅游作为一种旅游形态，通过旅游者的参与性，为旅游者提供旅游服务和各方面的需求，如食宿行游购娱等，促进乡村生态文明建设。同时，由于乡村旅游业本身所具有的"自然性""绿色行"特征，能够提高旅游参与者的生态意识，使旅游者树立绿色消费观，从而加快生态文明建设的进程。

三、生态文明视角下的乡村旅游发展现状及存在的问题

（一）乡村旅游发展现状

随着我国经济全球化进程的加快，休闲制度日趋多元化，这就完全更新了消费者的旅游观念。他们迫切地想要远离城市的喧嚣与繁杂，一心向往宁静安逸的乡村。乡村以其自然纯美的特质带给旅游者无尽的放松，满足了他们的精神需求。如今我国乡村旅游基本上已经形成了自然山水、民风民俗、特色农耕、围绕名胜、依托城市与现代文明相融合的发展格局。乡村旅游作为一种促进乡村地区经济发展的推动力，在社会主义新型农村建设与经济发展中发挥着重要作用。2011年我国已经大约有3.5万个乡村旅游特色村。2014年我国已经创建了多个乡村旅游示范点，并在其中选出了一些美丽乡村和美丽田园向整个社会展示和推荐。根据相关统计的数据表明，2014年上半年我国休闲农业接待的旅客达6亿人次，营业收入接近1500亿元，大约3000万的农民从中受益。总的来说，我国乡村旅游发展规模不断壮大，种类繁多，满足了游客的多元化需求。但是我们还应该看到，当前我国乡村旅游发展还处于初级阶段，乡村旅游可持续发展任重而道远。

（二）乡村旅游发展存在的问题

虽然我国乡村旅游处于快速发展的阶段，取得了值得称道的成绩，但是由于缺乏新的发展理念，乡村生态旅游发展仍然存在不少问题。

规模偏小，缺乏系统规范管理。由于受到乡村土地分散的影响，乡村旅游经营企业数量众多，但是规模偏小，且形式单一，缺乏特色，严重浪费了资源。汪伟等认为："在旅游管理中，各政府部门角色定位不清，忽视市场机制作用，而成为市场主导者，过多干预行业运行。"虽然政府监管力度较小，但更大的原因在于这些乡村旅游大都是以家庭为单位进行自主经营，缺乏系统规范与管理，容易盲目跟风，阻碍旅游产业链的形成与发展。

基础设施与交通不完善。目前，我国乡村旅游的基础设施大多数是不完善的，仅仅局限于农家饭庄、家庭KTV、棋牌室、桌球、家庭旅社等，缺少真正让城市居民身心得到放松的设施，如健身设施、阅览室等。同时，交通建设也是制约乡村旅游发展的瓶颈。乡村地区公路质量等级相当差，严重阻碍了乡村旅游的发展。

生态环境质量下降。随着乡村旅游地区接待旅客数量的增加，乡村地区生态环境受到严峻的考验。再加上不合理的开发和建设，乡村地区的生态环境质量日益下降。长期下来，对当地农民的生活与健康极为不利。

村民和游客的生态保护意识十分淡薄。乡村旅游的发展，给当地村民带来了福音，增加了收入。但是一些经营者缺乏生态保护意识，盲目开发，导致植被面积减少；对于生活垃圾不负责任地堆放、焚烧、填埋，造成了各种污染，严重影响乡村旅游的发展。

人文环境特色弱化。随着乡村旅游的发展，旅游造福了村民，也对当地的人文环境带来了负面影响。一方面，一些当地村民为了给游客提供高级舒适的居住条件，改变了当地的建筑和风格，破坏了乡村特色；另一方面，一些时髦、高消费旅客的进入，使当地村民开始对自己的传统生活感到不满，进而有意识地追求，这样就使乡村的民俗民风遭到破坏，从而丧失了乡村旅游的吸引力。

四、促进生态文明理念下的中国乡村旅游可持续发展对策

（一）集约化经营，走可持续发展之路

乡村旅游具有数量多、规模偏小、经营分散的特点，所以其经营模式可以借鉴我国农业产业化发展"点线面"的模式。一方面，可以在乡村旅游集中的地方成立旅游监理会，负责乡村旅游的组织、开展、宣传、培训、接纳旅客等工作，为从业人员与游客提供服务。努力做到全面覆盖，集约化经营，促进乡村旅游的可持续发展。另一方面，加强政府宏观调控，减少旅游开发的盲目性。因为"政府是绿色技术创新的主导力量，其宏观调控对绿色技术创新至关重要"。政府必须充分发挥自身的职能，整体规划、统筹安排旅游开发建

设，防止经营者盲目投资与过度开发，浪费资源。同时要给予相关的政策指导，制定乡村旅游业的标准，具体规划，统一发展；制定各种优惠政策，扶持乡村旅游的发展；通过多种渠道筹资，形成多元化的投资格局，全面促进乡村旅游的发展。同时还要向相关机构申请给予乡村旅游可持续发展的指导意见和可行性研究，使可持续发展真正落到实处。此外，"非政府组织的多样灵活性可以应对技术创新中政府无法应对解决的问题，与政府在管理创新上形成互补，引导绿色产业健康发展"。

（二）强化基础设施建设，构建城乡交流平台

乡村旅游为城乡居民的交流提供了平台，通过这一平台充分沟通与交流，能够了解到乡村基础设施的不足之处，从而有针对性地加以完善。在集约化的旅游发展模式下，政府必须发挥其主导作用，以科学发展观为指导，统一加大建设投入，完善邮电、道路、通信、卫生等基础设施的建设。充分调动投资各方的积极性，重点对旅游乡村的基础设施，加强厨房、客房、卫生间等的改造，努力为旅客创造优美、舒适的条件。同时，在基础设施建设方面，既要坚持乡村的"原汁原味"，也要符合卫生的要求，否则失去了乡村味道便失去了吸引力。在乡村旅游服务质量的规范方面，可以借鉴上海的做法，以"乡村旅游服务质量等级划分"，对乡村旅游点的各方面进行详细、客观的评分，并将乡村旅游服务质量由高到低分为三星等级，选择其中一些卫生整洁、服务突出的农户挂牌经营，给其他农户做示范，使游客尽享乡村旅游之乐。同时，还要加强乡村旅游和社会主义新农村建设的联动发展，为乡村旅游发展提供优美、整洁的环境，使乡村旅游发展管理趋向标准化、规范化。

（三）保护生态环境，提倡绿色旅游

土地与自然资源是乡村旅游赖以生存与发展的基础，所以乡村旅游发展的重中之重，是协调各利益主体的需求，在保护生态环境的前提下寻求可持续发展。无论是旅游开发商、从业者、游客还是农民，都应该自觉参与到生态环境保护的行动中来，遵循合理开发与循环利用的原则，以做到发展旅游和生态保护的统一，避免生态环境的破坏性开发和资源的过度浪费。除了基本的水、土、资源保护法外，还要制定与乡村旅游发展相关的环境保护法，有效规范从业者的行为，保护生态环境。同时，通过建立健全乡村文化保护与传承机制，制定乡村旅游行为规则，协调保护传统乡村文化和旅游经济发展之间的关系，保持乡村旅游的"本地化"和"乡村性"，这样能够有效保护乡村传统文化，防止乡村文化庸俗化、城市化。例如，在区域田地种植蔬菜瓜果，并以谷物、菜果等饲养牲畜，将牲畜的粪便作为沼气的原料，沼气渣可肥田，饲养禽畜、鱼类等绿色食品，为旅客提供"浑水摸鱼""垂钓"等参与体验活动。

（四）推广生态意识教育，提高从业者和村民的素质

乡村旅游是为旅客提供亲近自然、了解自然的机会，游客在欣赏田园风光、感受淳朴

民风的同时，也能充分认识生态环境保护的重要性。加上旅游者和当地农民是乡村旅游发展的主力军。所以乡村旅游不应仅仅是一种单纯的消费行为，而是要通过乡村旅游活动还能够增进人与自然、人与人的和谐相处，养成爱护自然、保护生态的意识。因此，在旅游活动中，可以适当地安排让游客认识到生态环境保护重要性的旅游项目，引导游客树立绿色消费观。如"农家饭"要打出绿色食品的口号，让游客正确认识无公害食品，从而在一定程度上唤起游客的生态保护意识，引导其消费行为。同时，要对乡村旅游经营者和当地村民进行生态责任教育和生态保护意识的教育，鼓励更多的经营者采用先进生态科技，创造绿色无公害产品，促进乡村旅游的可持续发展。此外，还要健全从业者的素质和服务水平，建立健全监督管理机制，全面实施《旅游服务质量提升纲要》，加强从业者和当地村民的素质，提升从业人员的服务意识和服务水平，提高顾客满意度，从而促进乡村旅游的长远发展。

（五）发挥地方优势，发展乡村旅游特色品牌

乡村性和本土化是乡村旅游吸引游客的关键所在。不同地域的乡村旅游所依托的旅游特色也是不同的，如乡土人情、生态农业、自然风光等各有差异。随着社会的发展，单纯的农业观光，如农产品采摘、农家饭餐饮等已经无法满足乡村旅游的可持续发展。而农村拥有丰富的民俗风情文化和朴素的乡土理念，所以乡村旅游开发建设要深入挖掘乡村内在的反映精神层面上的旅游资源和环境文化内涵，紧密结合当地的旅游优势，走本土化、特色化道路，拓宽类型，突出乡村旅游的"乡土特色"，形成与众不同的旅游产品，拥有可以吸引游客的地方特色招牌。大到整体定位，小到吃、住、门票，要体现出差异，避免出现"千村一面"的现象。同时，由于在传统单一的乡村旅游模式下，简单的农家饭、农产品采摘、农业观光无法形成特色吸引旅客的到来。所以，乡村旅游更要充分利用丰富的民俗文化资源，从多层次、多方位、多视角地考虑旅游产品的开拓和延伸，努力做到"人无我有""人有我优""人优我特"，从而形成乡村旅游的特色品牌，促进乡村旅游的可持续发展，为新农村建设打下坚实的基础。

参考文献

[1] 张述林. 旅游发展规划研究: 理论与实践 [M]. 北京: 科学出版社, 2014.

[2] 北京市农村工作委员会, 等. 北京市休闲农业与乡村旅游发展报告 (2013) [M]. 北京: 中国农业科学技术出版社, 2013.

[3] 毛长义. 区域旅游发展战略研究 [M]. 北京: 科学出版社, 2013.

[4] 北京市农村工作委员会, 北京市农村经济研究中心, 北京观光休闲农业行业协会. 北京市休闲农业与乡村旅游发展报告 [M]. 北京: 中国农业科学技术出版社, 2013.

[5] 田里, 李柏文, 李雪松, 等. 云南乡村旅游发展研究 [M]. 北京: 中国旅游出版社, 2013.

[6] 万小艳等. 乡村治理与新农村建设 [M]. 北京: 知识产权出版社, 2011.

[7] 耿红莉. 休闲农业服务人员指南 [M]. 北京: 中国农业出版社, 2010.

[8] 史亚军. 观光农业概论 [M]. 北京: 中央广播电视大学出版社, 2011.

[9] 詹玲. 发展休闲农业的若干问题研究 [M]. 北京: 中国农业出版社, 2009.

[10] 郭焕成, 郑健雄, 任国柱. 休闲农业理论研究与案例实践 [M]. 北京: 中国建筑工业出版社, 2010.

[11] 范水生. 休闲农业理论与实践 [M]. 北京: 中国农业出版社, 2011.

[12] 吕明伟. 休闲农业规划设计与开发 [M]. 北京: 中国建筑工业出版社, 2010.

[13] 任荣等. 创意农业探索与实践 [M]. 北京: 人民出版社, 2009.

[14] 张一帆, 王爱玲. 创意农业的渊源及现实中的创新业态 [M]. 北京: 中国农业科学技术出版社, 2010.

[15] 蔡小于. 乡村旅游经营宝典 [M]. 成都: 西南财经大学出版社, 2008.

[16] 蔡碧凡. 农家乐经管管理人员知识读本 [M]. 北京: 中国农业出版社, 2010.

[17] 陈墀吉, 李奇桦. 休闲农业经营管理 (初版) [M]. 台北: 威仕曼文化事业股份有限公司, 2005.

[18] 农业部农村社会事业发展中心. 休闲农业讲解员业务知识与实务 [M]. 北京: 中国农业出版社, 2010.

[19] 窦志萍. 导游技巧与模拟导游 [M]. 北京: 清华大学出版社, 2010.

[20] 阿诺德·汤因比. 历史研究 (上、下) [M]. 郭小凌, 等译. 上海: 上海人民出版社, 2010.

[21] 进士五十八，铃木诚，一场博幸.乡土景观设计手法——向乡村学习的城市环境营造 [M].北京：中国林业出版社，2008.

[22] 郭焕成，等.休闲农业与乡村旅游发展工作手册 [M].北京：中国建筑工业出版社，2008.

[23] 王海燕."地域文化与课程"研究 [M].天津：天津教育出版社，2006.

[24] 陈伟风，潘要忠，林峰.旅游引导的新农村社区研究 [N].中国旅游报，2013（10）.

[25] 陈耀，王健生.海南省乡村旅游研究 [R].海南省委宣传部，2010.

[26] 代琛莹.新农村建设背景下的乡村聚落景观规划与设计研究 [D].长春：东北师范大学，2008.

[27] 杜佳.河南省乡村旅游区景观规划设计思路探讨 [D].郑州：河南农业大学，2011.

[28] 段巧玲.长沙地区乡村旅游景观研究 [D].长沙：中南林业科技大学，2013.

[29] 王宏亮.建筑景观设计要点探讨 [J].城市建设理论研究，2014（09）.

[30] 张润清，赵邦宏，曹盼.休闲农业发展模式分析 [J].经济论坛，2011（08）.

[31] 陈达丽.美好乡村建设与乡村旅游发展的互动模式探索——以黄山市为例 [J].城市建设理论研究，2013（24）.

[32] 郭舒.基于产业链视角的旅游扶贫效应研究方法 [J].旅游学刊，2015（11）.

[33] 韩学伟.浅析开辟生态茶园旅游的创新思路 [J].福建茶叶，2016（04）.

[34] 闻娟.生态茶园体验式旅游开发策略研究 [J].茶业通报，2017（04）.

[35] 邹永广."一带一路"中国主要节点城市旅游的经济联系——空间结构与合作格局 [J].经济管理，2017（05）.

[36] 阮文奇，郑向敏.城市群旅游经济网络的空间结构与权力演变 [J].资源开发与市场，2017（05）.

[37] 张军，蒋黄蓁苑，时朋飞.美丽乡村视域下的旅游扶贫模式与效应研究——以湖北省十堰市张湾区为例 [J].湖北社会科学，2017（06）.

[38] 张侨.旅游扶贫模式和扶贫效应研究——基于海南省贫困地区的调查数据分析 [J].技术经济与管理研究，2016（11）.

[39] 龚艳，李如友.有限政府主导型旅游扶贫开发模式研究 [J].云南民族大学学报（哲学社会科学版），2016（06）.

[40] 施云燕.对乡村旅游开发模式及其影响因素的分析 [J].明日风尚，2017（11）.

[41] 朱启臻.激活乡村价值方能留住美丽"乡愁" [J].中华建设，2018（02）.

[42] 张颖.以生态茶园为主题的旅游资源开发可行性研究 [J].福建茶叶，2018（04）.